如果您認為這是一本值得向大家推薦的書，
請上網向大家推薦。

大家都有了投資、避稅、保護財產的知識，就會有經濟力，有了經濟力才會有政治力。猶太人懂得用各種信託（TRUST）「防」美國政府和國稅局，用各種人壽保險使自己一生心血賺的錢留給子孫，中國人不懂，因此一生心血被美國政府和國稅局拿走大半。讀讀這本書，你就知道如何保護你一生賺的錢財留給兒孫，兒孫有了經濟力就會有政治力！

資財（Assets）必須大於負債（Debt）
你的財務才安全！

負債 80%

賺了錢要付

資財 20%

各種稅，房子和車子分期付款，汽油，食物，水，電，瓦斯，娛樂費及各種分期付款，各種保險費。

所有的這些錢付出去以後，你一個月賺的錢能剩多少？碰上經濟衰退公司裁員，減薪，自己的生意不好就會發生財務困難。

如何解決財務發生困難

資財 80%

每個月把賺來的錢儘可能的多存一點去投資高回報、沒風險的 IUL。

如果你不能把資財變成 80%，負債減低到 20%，一但有「事」，你的財務就會發生困難！

負債 20%

減低慾望儘可能的減少負債，增加資財。

移民條件差，但肯學，
知識可以決定一個人的命和運是好還是壞！

1979年5月移民美國以前，我是台灣的葛優——電視電影喜劇演員。50歲從台灣來的人大概都知道王定和是演藝人員。

出了舊金山機場大門，按美國的標準我的條件是：台灣國立政治大學畢業的學歷已經被淘汰到垃圾堆裡，年齡是不能教老狗玩新把戲的42歲中年，帶來的$1500美金是向朋友借的。唯一的條件就是我在台灣教美國人說普通話教了5年，看到美國人不怕用英文跟他們說話。

在我弟弟家住了一夜，第二天坐電火車到舊金山紀利大道(Geary Blvd.) 3 Ave. DAVID VARNER雪佛蘭車行，跟銷售經理說：「我在中國人社區很有名，如果你僱用我，我敢保證你用對了人。」經理說：「明天來上班。」我在4 AVE.租了一間房，每個月$90。第二天面對停車場幾十部車，沒有一部車是我認識的！開始學。2年我對車非常有概念！

3個月後因為不合格被車行解僱了。於是我一邊賣國馬車行的車同時開了一家「中國人服務中心」在世界日報登廣告「你有甚麼問題都可以問」然後針對這些問題去問各行專業人士，得到答案後再寫出來登在當時的「遠東時報」，「中報」和「世界日報」上。1981年出版「在美生活須知」，為這一本書在舊金山，洛杉磯和紐約世界日報做全版廣告的，我王定和是第一名。

賣了兩年車後考取人壽保險執照，開始賣人壽保險。我對要買人壽保險的人提出的問題沒有知識回答。再學！San Mateo市陳先生說：「我買了8棟房子出租，不想再買房了。銀行有一百多萬存款，我該怎麼作？」我說：「陳先生，給我2個星期幫您找出答案。」我打電話到總公司：「我有這樣的客戶，我該怎麼辦？」公司派一位律師和一位壽險專家為我解說怎麼做。我哪裡弄得懂！但是我努力不懈的花了6個多月的時間終於弄懂了。於是陳先生就成為我的客戶。讀過「在美生活須知」的客戶也成為我的客戶。

我一句廣東話都不會講。台山話就更聽不懂了。要把人壽保險賣給舊金山中國城的廣東台山同胞實在太難了。有一天世界日報刊出一則「雜貨店老闆被搶匪開槍打死，沒有人壽保險，醫院要把他的雜貨店拍賣償還醫藥費……」的新聞。我就把這則新聞用星島日報全版廣告：「沒有人壽保險就會這樣！」我賣了5個人壽保險給台山客戶！

那時洛杉磯Monterey Park市的台灣和香港來的同胞多了一點。我常時只有12張人壽保險的幻燈片，就在當時的「僑教中心」做公開演講。從此開始，我是第1個從舊金山到紐約在中國人社區開著講習會（Seminar）賣人壽保險的經紀。來聽我講習會的人也成為我的客戶。此時我的幻燈片已經增加到88張，知識與時俱進。

人壽保險的淘汰率是 95%到 98%。今天 100 個人做人壽保險，明年的今天能不能留下 2 個都是問題！我非常了解賣人壽保險的人會招人討厭。所以我賣人壽保險是你找我，你不買，我就不會再打電話煩你。我是靠知識和經驗賣人壽保險，你買的是我的知識和經驗，那符合你的需要和利益。舉例：

　　陳太太 58 歲，3 年前丈夫過世，他用陳先生的壽險理賠付清了房子貸款。她要買 50 萬人壽保險。哪一個壽險經紀不要賣壽險給她？我！我跟她說：「房子付清了，你應該把多餘的錢開退休養老的 Index Annuity 帳戶到老了有錢。再把 10 萬元存入一種人壽保險加 24 小時看護付 6 年費用的 M.G.產品，這樣安排，老、病、死，都有了。」

　　這就是知識和經驗。

為甚麼你那麼 NEGATIVE（退縮，消極）又不聽專家的專業說明？

中國4千年專制和人治政權是用權力（POWER）管人的。被管的人對「管」人的領導得絕對服從。所以「君命臣死，臣不敢不死。父叫子亡，子不敢不亡」是權力的最高境界。有權力的人可以用他的權力對惹他生氣的人，罵，打，關，侮辱，凌虐，甚至處死被他管的人。中國人有句俗語說：「大丈夫不可一日無權。」因此中國人追求權力不遺餘力。

中國的領袖靠自己的心機，膽量和殘忍，得到領袖的地位。漢高祖劉邦，唐太宗李世民，明太祖朱元璋等不是這樣嗎？領袖就怕人算計他的領袖地位，因此領袖必須培養所有的人「聽話」。大家都聽話，大家就都變成奴才，庸才和蠢才。這種人才不會威脅到他領袖的地位。就因為這種專制和人治政權使中國人到今天都培養不出諾貝爾獎得主！

我們在權力的壓制之下活得不憋屈嗎？常年累月的憋屈就變成 NEGATIVE 的個性。這使我想到一個故事：

一家製鞋廠的老闆高薪找一位銷售高手。一位中國人和一位美國人應徵。老闆派這兩個人去非洲考察。回國後中國人非常悲觀且沮喪的向老闆說：「非洲人都不穿鞋，沒辦法把鞋賣給他們！」美國人則非常高興而自信的對老闆說：「太好了，非洲人都不穿鞋，我們教他們穿鞋。這個市場太大了！」如果你是老闆，你用誰？

你明明知道你老的時候會窮愁潦倒，你現在很需要錢。但是以你的年齡很難找到用你的人。於是我問你，你問 100 個人「要不要知道賺錢可以不付稅？」100 個人都會說：「要！」這麼大的市場讓你憑「賺錢避稅」的知識賺錢，你卻非常消極的說：「我來 Las Vegas 只有 4 個月，誰也不認識。」我想救你，但是救不了！

在專制和人治這兩塊大石板的壓制之下，人人都必須「聽管我們的那個人的話」，所以我們也變成支支動動（叫我作，我就動，不叫就不動），撥撥轉轉（像壞掉的鐘錶，用手撥才會轉）的人。沒有自己的意見，更不能有自己的思想只要聽話。因此每一個人都用權力叫別人聽話。全國都是聽話的人，於是每一個人都得「聽」自己的。所以中國人沒有專家。即使有專家也是從專制和人治這兩塊大石板縫裡冒出來的一個小芽。所以中國人只能相信自己的「認為」而不相信專家！

我，王定和已經證明我是第一流的理財專家，我告訴你們夫妻：「你們 8 萬買的房子現在市值 30 萬，沒有壓力，千萬不要為了抵稅把現在的房子賣掉去買 70 萬的房子！因為一旦職業變動，身體健康有問題或經濟衰退等，你們 70 萬買的房子就會變成你們的美國惡夢！」你們聽嗎？！當電腦業走下坡，你們夫妻都被公司解僱（Lay off），這時來問我怎麼辦？

我能怎麼辦！

教你把公司發給你的股票設一個C.R.T.賣掉200萬，沒有稅。再把這200萬買Municipal公債，賺出來的錢也免聯邦稅。用這錢買人壽保險和年金，賺出來的錢也不付稅。就是公司倒了，你被公司解僱了，也困不住你。好處多了。你聽嗎？！不到一年，公司倒了，股票變成廢紙，你也倒了。這種只自己「認為」，不聽專家的例子多了！

專制和人治政權下的教育只教「強記死背」式的填鴨教育，還不停的考試。一旦有一天可以不讀書了，就再也不想讀了！誰要我們讀書學習我們就會反胃吐出來！美國人還會看看說明書（Instruction），照說明書教的去做。中國人被教育的連看說明書都會反胃！不要學，不想學，不顧意學的結果就是無知。用無知去做要有知識才能做的理財事，結果就是付出非常痛苦的代價！

被騙怕了吧?!

你聽過「在晉董弧筆」這句成語嗎？

春秋戰國時代，晉國君主姬夷皋是春秋時代最大的暴君。當他要殺宰相趙盾時，趙盾的姪子趙穿先動手把這個暴君給殺了。當時的史官是董弧的叔叔，他在記事簡上寫下「趙盾弒其君」，趙盾火了，下令殺了史官。於是董弧的父親接史官，他仍然在竹簡上寫下「趙盾弒其君」，趙盾又火了，下令再殺史官。這時董弧接史官，他還是沒有畏懼的在竹簡上寫下「趙盾弒其君」，趙盾不能再殺了，再殺就沒有史官了。因此後人用「在晉董弧筆」來稱讚用筆揭發有權勢的人做髒事而不怕惹禍上身的正義人士。

史官記下現在發生的事件是他的職責。一個人在其位，謀其政，負其責，做該做的事，有甚麼值得後人如此推崇的？！只有一種解釋，那就是歷朝歷代的史官屈從於權勢，睜著兩個大眼寫下的都是謊話連篇———有權有勢人作的髒事在史官的筆下也都變成「乾淨的事」。只有董弧不畏權勢，不顧自己的性命，忠於自己的職責而寫下「趙盾弒其君」，這才值得後人崇敬有加。

中國的專制和人治政體有4千年了。這種政體只培養「大」，誰「大」誰就有權力，「權力」是不能質疑的，不許批評，不准說「不」，絕對不可以反對，必須沒有理由的服從！因此「管」你的人就有「權力」罵你，打你，侮辱你，關你，凌虐你，甚至處死你！在這種政體統治之下，如果是你用斧子砍斷「大」人心愛的桃樹，「大」人問：「誰砍的？」你只要誠實一次，你就知道以後必須學會睜眼說瞎話！

當每一個人都只知道用「權力」管人時，誰都怕管人的人用權力報復，因此就很自然的形成撒謊的領袖，睜眼說瞎話的官和一部「撒謊史」。常言說：「上樑不正，下樑歪」，一個領導系統帶頭說謊，卻能教育出誠實的國民，真的，說死了我都不相信！

常言說：「前人揚沙子，後人迷眼」，你上過太多次當以後認為王定和也是騙人的，那很正常。有一個寓言故事：

中秋節後，農人在田裡張網捉麻雀，農人從網上拿麻雀時，麻雀對農人說：「我是金絲雀不是麻雀！」農人說：「別騙我，金絲雀怎麼會跟麻雀在一起？」問的好。金絲雀說：「我會唱歌，麻雀不會！」問題是：「如何證明自己是會唱歌的金絲雀？」

在你的財務計畫中，牽涉5種行業：律師，會計師，人壽保險，房地產和股票債券。每種行業在你的財務中佔20%。你向你的會計師或理財顧問：「我100萬買的房地產和股票付清了，現在賣了500萬，賺的400萬不想付稅，我還可以掌控這500萬，這500萬賺出來的錢，我還不付稅，我死了不付遺產稅，這500萬給我兒女，他們拿到這500萬也甚麼稅都不付，你能嗎？」這一個問題就牽涉上述5種行業！

如果你的會計師或理財顧問說:「不能!」王定和說:「我能!」證明我是會唱歌的金絲雀。只要你讀過我著的「要富有嗎?你必須知道投資,避稅,保護財產」這本書,你一定有理財的知識。有了知識,誰要騙你就難了!

作者簡介

經歷
- Shen Lincoln Mercury 舊金山營業主任
- New York Life 紐約人壽保險公司
- SMA Life 全美國家人壽保險公司
- Lancaster 地產投資公司
- MVP Insurance Marketing, Inc 財務顧問

著作
1. 在美生活須知
2. 在美求職、賺錢、投資和養老須知
3. 生老病死基礎稅法
4. 美國地產投資須知
5. 王公子開講
6. WEST MEETS EAST: HOW TO UNDERSTAND THE CHINESE
7. A DICTIONARY TO THE USE OF THE 2000 BASIC CHINESE CHARACTERS
8. CHINESE SLANG
9. 知己知彼
10. 投資須知，避稅法規，理財分析

現職
- 泛亞財務保險公司 Marketing Director

2014 Copyright by D. D. Wang

你應該來泛亞財務保險公司做 Broker：L.A. 626-353-0196 或 N.Y. 917-566-8879

1、那一家保險公司的產品好，不需要 Quota 就可以賣。
2、每一或二個月教新產品的知識。
3、你背後有產品及行政人員幫你。
4、健全的制度。

因此泛亞財務保險公司是全美國亞裔最大的 General Agency！有 10 家分公司供你利用。

在你的財務計劃中，沒有人能為你做全部！

律師為你做什麼？

你要做生前信託（Living Trust）、慈善捐款（C.R.T.）、不可更改及撤銷的人壽保險信託（Irrevocable Life Insurance Trust）、責任有限公司（LLC）及遺囑認證（Probate）等要找律師幫你做。

王定和為你做什麼？

你每個月可以存二、三百元；做生意的老闆要抵稅；有點閒錢想長期投資，到退休時有筆大錢；有幾十萬或一、二百萬閒錢要投資賺錢還要把稅避掉；做零售生意有現金問題；房子付清了對你有「利」還是「不利」；要投人壽保險或你買對了人壽保險還是買錯了要請人看等，只要你有錢，這錢怎麼投資賺了錢把稅避掉找王定和。(626)353-0196、(917)556-8879

會計師為你做什麼？

你買一輛或租一輛汽車能不能抵稅？你的公司開在自己家裡要怎麼抵稅？你的生活費是從台灣、香港或中國匯來的要不要抵稅？⋯⋯諸如此類的問題，你要找會計師。

為什麼要編這本書

您好，我是王定和

多年來，我去過太多人的家裡幫他們做「投資、避稅和理財」的計劃。因此我遇到過各式各樣的財務問題。

這些問題讓我去學習解決之道。同時知道「你多付了很多冤枉稅，少賺了很多錢」，也知道「你的一生心血會在一夜之間大幅縮水或化為烏有」。

這本書是隨利息，稅法，股市及社會變動而做大修正：

不論是中國還是美國，我們在學校求學的時候，學校都沒有教「投資、避稅和理財」這門課。因此，當我們到社會求職做事以後，我們憑學校的知識來賺錢，賺了錢以後卻憑常識去理財，結果往往是沒有計劃或做了錯誤的計劃，因而造成財務上的困難。財務上有了困難就不會快樂。

事實上「投資、避稅和保護財產」是一門很複雜的學問，任何人要全盤瞭解則需要很長的時間去讀書和研究，這又不是大家能容易做到的事。

我編著這本書的目的，是讓大家很快地對「投資、避稅和保護財產」有一個正確的概念。有了正確的概念，在做計劃的時候就知道自己該怎麼做。有自己的主見，也有自信，也因而讓自己的財務愈來愈好，財務好則全家快樂。

您和我素昧平生，互不相識，但是您找我做共同基金 IRA、SIMPLE IRA、401K、Annuity 和人壽保險，在這兒我虔誠的向您對我的信任和支持深致謝意。有您的支持，我才有勁去讀去寫，再回饋給您。

謹以此書獻給您，隨書附上虔誠的感念，謝謝您的信任與支持。

祝

  闔府安康

                王定和

你的財務應該是「頭輕腳重」出了「事」不怕

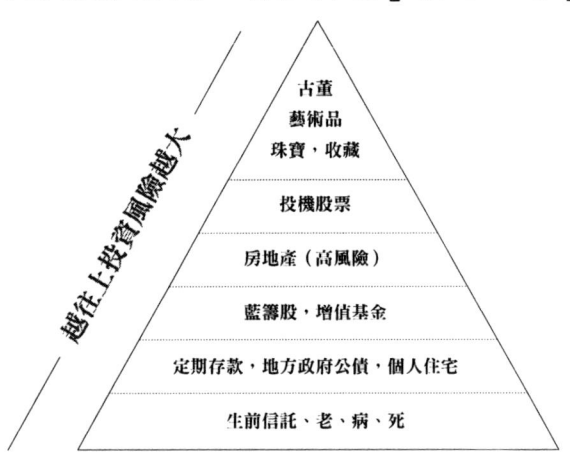

越往上投資風險越大

- 古董 藝術品 珠寶，收藏
- 投機股票
- 房地產（高風險）
- 藍籌股，增值基金
- 定期存款，地方政府公債，個人住宅
- 生前信託、老、病、死

「頭重腳輕」的財務不出「事」就沒事，
出了「事」你的錢財就會大縮水或化為烏有！

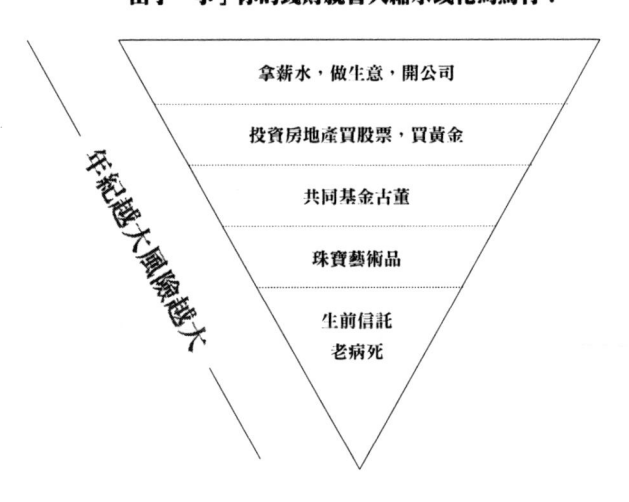

年紀越大風險越大

- 拿薪水，做生意，開公司
- 投資房地產買股票，買黃金
- 共同基金古董
- 珠寶藝術品
- 生前信託 老病死

在你的財務計劃中，會計師只占 20%
王定和著的書是 100%

「我要問我的會計師」，回答地好。

會計師主要的工作是幫你報稅，在報稅之前看看那些開銷可以抵稅，那些項目可以減稅。因此你的財務計劃裏會計師只占 20%，不信你問會計師：「我的財產淨值 1000 萬，你能不能幫我賣了不付資本利得稅 Capital Gain Tax？死了不付遺產稅？」看你的會計師怎麼回答？

律師在你的財務計劃中專門幫你做各種信託避過遺囑認證法庭的費用，遺產稅和高價賣大樓不付稅。如何立信託 Trust 是會計師不懂的。因此律師在你的財務計劃中占 20%。

律師做的各種信託中，有些是與人壽保險有密切關係的，如「不可更改的人壽保險信託」，是律師幫你做信託，人壽保險經紀幫你做人壽保險。這是會計師不懂的！因此人壽保險經紀在你的財務計劃中也只占 20%，但這些人壽保險經紀常自稱自己是「財務顧問」。

人要住，所以要買自己住的房子，買房子或投資房地產得找房地產經紀，房地產經紀在你的財務計劃中也只占 20%。你的會計師也不懂房地產。

喜歡投資股票或共同基金或各種公債的人，得找股票經紀。你的會計師不懂股票和共同基金。所以股票經紀在你的財務計劃中也只占 20%。

如果你想富有，想用錢賺錢，賺了錢把稅避掉，因此小錢可以變大錢，大錢可以變更大的錢，不是去問你的會計師，而是去書店買一本包括會計師，律師，人壽保險經紀，房地產經紀和股票經紀 5 種行業是 100%跟「錢」息息相關的「要富有嗎？你必須知道投資，避稅，保護財產」仔細的讀一讀。

這本書與你的「錢」有密切的關聯，你缺乏這樣的知識，你在美國不可能富有！

當然也有靠運氣，勤勞和常識富有的，但那「大」不了！知識就可以使你「大」，下一代也「大」！

直接向本人購買，每本 $29.50，支票抬頭開 D.D.Wang，寄 P.O.BOX 464，Lancaster,CA.93584 免稅免郵費。或上網 www.wangbooks.com 買。

誠實不欺的人，你認為是騙人的

睜眼說瞎話的人，你認為是可信的

第 25 屆哈佛大學校長 Derek Curtis Bok 說：
「學費很貴，但你得為無知付出代價！」

　　在人壽保險這一界，論知識、經驗、對產品的瞭解，寫出來著成書讓大家「懂」，因「懂」而不吃虧上當。我已經證明我是人壽保險第一流的專業人才。

　　你買了這本「要富有嗎？你必須知道投資、避稅、保護財產」，仔細讀一讀，你就會有知識，有了知識，誰要騙你就難了。

　　因為我們非親非故，你也不看我著的書，所以我說的話，你分辨不出是實話還是謊話，因此對你來說，我說的話就是先入為主「騙人的」！今天能騙到你、坑到你的人不都是你信得過的親戚和朋友嗎？！哈佛大學校長說：「學費很貴，但你得為無知而付出代價！」

　　我，王定和，在華人界具有高知名度，全美國只要有中文部的圖書館都有我著的「在美生活須知」，這是新移民在美生活的聖經！在這本書的最後一頁我問：是誰欺負中國人？是誰壓榨中國人？是誰坑中國人？對於答案，相信你我心裡有數。

　　美國是一個資本主義社會。因此，錢是很重要的因素。有了錢才能做生意，才能完成理想，才能使自己生活改善。於是有些人滿腦袋都是錢！錢！錢！想錢想到瘋狂時，連自己的至友和手足都坑。

　　今天，我編著這本書的目的，既不為名，也不為利，原始動機乃是基於義憤；「被美國人欺倒也罷了，因為不同文，也不同種，他不欺咱們欺誰呢？！他媽的，最不能忍受的是同文同種，只不過早來美國幾年，竟這樣對待自己同胞和親人！欺他不懂英文，不瞭解美國環境是不是？！就是坑了他，他也拿你沒辦法是不是？！」

　　既然這樣，我懂英文，雖然比不上美國人那麼懂，但是我有恆心毅力把它弄懂。我更懂中文，先弄懂英文，再用中文把它寫出來，不但不讓美國人欺侮中國人，更提醒所有同胞，不要讓同文同種的人欺侮你！

　　我有高知名度和專業著作，這就是「留得青山在，不怕沒柴燒」之本，只為了賺點佣金就睜眼說瞎話，把自己的「青山」毀掉？！

　　我的書二年賣了三千本，一個有專業知識和知名度的人，找的人多了，今天我騙了你，有一天你明白過來了——被王定和騙了，你的嘴會饒過我？！

不論那種行業,只要你想賺錢就會有風險、賠錢和可能被騙。唯一能讓你賺到錢和不被騙的就是「知識」,你缺乏「知識」又想賺錢,你就是哈佛大學校長說的:「你得為無知而付出代價。」去買一本我著的書吧!有了知識就會「小財由己小錢變大錢。」

目錄

資財（Assets）必須大於負債（Debt）你的財務才安全！ 2
移民條件差，但肯學，知識可以決定一個人的命和運是好還是壞！ 3
為甚麼你那麼 NEGATIVE（退縮，消極）又不聽專家的專業說明？ 5
被騙怕了吧?! 7
作者簡介 9
在你的財務計劃中，沒人能為你做全部！ 10
為什麼要編這本書 11
你的財務應該是「頭輕腳重」出了「事」不怕 12
在你的財務計劃中，會計師只占 20%王定和著的書是 100% 13
第 25 屆哈佛大學校長 Derek Curtis Bok 說：「學費很貴，但你得為無知付出代價！」 14
Broker 和 Agent 有什麼不同？ 20
用多層次傳銷方式賣人壽保險，請看看主流權威月刊和律師怎麼說的： 21
如果你是 1960 年出生的人，請仔細的讀讀這篇感言 22
金字塔式的財務 23
生前信託（LIVING TRUST）的重要性 24
為什麼生前信託這麼重要？ 28
只有人壽保險可以代替你這個「根」，要怎麼買對你最有「利」？ 30
人壽保險產品須知 31
這是今天講人壽保險最權威的書 33
Term 34
Whole Life Policy 36
Universal Life（簡稱 UL.）..41
Variable Universal Life（簡稱 VUL.）..43
Index Universal Life（簡稱 IUL.）..45
Index（指數）S&P500 平均回報率究竟多大？（根據指數付利息，保證本錢只賺不跌）.47
賣 Whole Life 給你的保險經紀(Agent)對 Index UL.說的「屁話！」 48
圖解 IUL 51
用 IUL 人壽保險提早 14 年付清第二棟房子貸款 52
WHERE WILL YOU BE 55
用 Index Explorer Plus UL. 2012 這種五合一人壽保險為你的兒女從小建立穩固的
　　財務基礎 56
付清房子貸款 58

黃泉道上無老少，事情發生就是發生了！ 59
做生意向銀行借生意貸款，銀行要你用你的人壽保險做抵押 64
合夥做生意，合夥人之間要互立「買賣同意書 Buy & Sell Agreement」 65
不知保護錢財，老闆會變夥計 66
用人壽保險付遺產稅 67
不可更改和撤消的人壽保險信託 72
如何用最少的錢去付遺產稅 73
人在美國就照美國人訂的遊戲規則玩，不會有麻煩！ 75
父母過世後留給你三千萬，別高興的太早！ 77
自己學學！ 81
知識可以使小錢變大錢，無知會使大錢變小錢！ 82
外國人可以在美國買人壽保險嗎？ 85
銀行有 FDIC 做保證，人壽保險公司倒了，有誰做保證？ 87
一旦發生不幸時保險公司會不會找各種理由拒絕理賠呢？ 88
什麼是 LONG TERM CARE 保險？ 93
一個人需要別人 24 小時照護的機會是多大？Chances of Needing Long Term Care 94
你用自己的財力保自己的險能保多久？ 95
你認為他是你的「人頭」，美國社安局及國稅局認為他是實質上的有錢人 96
悲劇，因為你「不設防」而毀了 3 代！ 97
美國的嬰兒出生率夠不夠高？ 101
為退休養老金做計劃（Pension-Plan Assets）先付給你自己（Pay Yourself First） 103
早六年做退休計劃和晚六年做退休計劃之比較 108
利用 IRA（個人退休帳戶）存錢養老 110
銀行與人壽保險公司 IRA 之比較 112
S&P500 指數基金結合 IRA 113
你看投資回報率和付稅率對你的錢有多大影響 114
IRA 複利計算表 115
2014 簡易（SIMPLE 是 Savings Incentive Match Plan For Employees 的縮寫）
　　IRA 可以抵稅，好處多多，中小企業開戶比較合算 116
S&P 500 指數基金結合 SIMPLE IRA 118
利用 401K 為自己存退休養老金 119
年輕、高收入，不在乎股市上上下下的風險可以利用「浮動年金」來為自己多賺錢
　　少付稅積存退休養老金 121
共同基金結合 ANNUITY（年金） 124
退休時如何使用「浮動年金」 125
EQUITY INDEX ANNUITY（簡稱 EIA）保證只賺不賠 126

「懂」就開EIA.帳戶-4次賺錢機會,沒風險「不懂」就去買房子出租-
　　1次賺錢機會,有風險!..129
離開公司應該把401(K)的錢轉入個人(personal)IRA自己看著....................130
從付清的房子再貸款轉存入EIA.可以使你多賺很多錢少付很多冤枉稅!.......131
離職後應該把公司的401(K)轉到個人Index IRA.減少損失。........................132
用EIA,使小錢變大錢...133
時間也是賺錢的一大要素...134
SEP.(Simplified Employee Pension Plan)IRA..135
領薪水的人可以用ROTH IRA為自己存錢養老...136
老闆及主要股東用Split Dollar來為自己存退休養老金....................................137
年輕的時候慾望很高,不知節省。年老的時候就會窮苦。年輕的時候慾望低一點,
　　節省一點,年老的時候就會生活得舒服一點。...139
領薪水的人要好好利用「指數基金投資儲蓄人壽保險IUL」來為自己多賺錢不付稅
　　積存退休養老金..142
用C.R.T.避過財產增值稅及遺產稅...143
不聽專家言,吃虧在眼前...145
用C.R.T.賣股票不付稅對你多有「利」?..146
會用C.R.T.三贏,不會用C.R.T.三輸!..147
大家都要知道Rule of 72這個公式...150
錢存銀行...151
按照RULE OF 72的公式...152
錢存保險公司...153
錢存入VUL或VA..155
投資房地產須知...158
投資房地產(INVESTMENT REAL ESTATE)..159
買房子投資,投資回報率究竟多大?...160
如何從房地產賺錢?..161
自己住的房子,每月付給銀行的利息,房地稅和火險,最好不超過你每月拿到手的
　　30%...162
房地產中Tax Lien和Tax Deed可以沒風險的賺18%到25%............................163
甚麼是Probate Sale?...165
買房子之前先要瞭解自己的財務安全狀況...166
紀事報(Chronicle)是舊金山第一大報...167
買房子之前,你更要仔細計算...168
四十歲以後買房子可能是美國惡夢...170
你把每個月50%的收入付房子利息就是美國惡夢!...172

買房子量力而為,別讓美夢變惡夢 173
買房子出租是好的投資嗎?賺錢是好投資,不賺錢還得貼錢就不是好投資。..................174
買 Foreclosure 和 Hi-Lo-Roll 的房子 175
土地投資是高風險 176
投資那種土地能賺到錢? 178
在房地產上真正賺錢的是誰? 179
1 畝或 2.5 畝的土地能賺錢嗎? 180
你要在一、二年之內看到大錢,你應該買市界內(City Limit)有水,有電,有路,
　　有 Sewer 正在發展的地 181
誰應該來羚羊谷(Antelope Valley)? 183
投資「保單貼現」既安全又高利 2002 年 10 月股神 Warren Buffett 在他明尼蘇達州的
　　再保險公司投下 4 億買保單貼現 184
保單貼現產品特性 185
付稅率高的人用 Municipal Bond 186
Reverse Convertible Notes(簡稱 REX.)短期可以轉成股票的債券 187
第一章　股票與債券(Stocks and Bonds)..189
第二章　證券及債券市場 200
第三章　投資的風險(Investment Risks)..205
第四章　投資公司(Investment Companies)..209
第五章　投資公司內各種投資及其風險 218
第六章　對共同基金的認知如何瞭解這個共同基金好不好? 221
每個人的財務狀況不同,要求也不同,請看下列幾個實例。......................................226
懂不懂「投資避稅」與財富息息相關 227
家庭理財要看稅率高低訂計劃 229
同樣的收入安排合宜收獲豐富 230
多算勝、少算不勝 231
錢轉一下可以少付很多稅多賺很多錢 233
先守後攻可以多賺錢少付稅! 234
自己「算」投資大,回報少專家「算」投資小,回報大 236
先為自己策劃　兒孫自有兒孫福 237

Broker 和 Agent 有什麼不同？

Fidelity 是最大的投資公司，有幾十種共同基金，每一種投資回報率都高嗎？當然不是！所有的人壽保險公司都賣各種人壽保險及退休金，這家保險公司的各種人壽保險及退休金產品都是最好的嗎？當然不是！因此你需要 Broker 用專業知識代表你去找對你最有「利」的共同基金，人壽保險及退休養老金等。

Broker 的執照必須要在一家證券公司註冊登記。如果 Broker 對你有欺詐的行為，你可以向他註冊的證券公司投訴，證券公司不敢不管，也不敢包庇，因為根據1933、34年的證券管理法，所有的證券公司及 Broker 都受美國證券管理委員會（NASD）的管束，非常嚴格。

泛亞財務保險代理公司（Transpacific Insurance Agency）是眾多美國人壽保險代理組成的協會，用團體的力量對各保險公司爭取到不需要銷售業績就可以賣他們公司的產品。

泛亞是這個團體裡唯一的亞裔 Broker（代理），在南加州和北加州、夏威夷、紐約、新澤西等州有十家分公司，是華人裡最大的人壽保險代理（Broker）公司，我一定能找到對你最有「利」的產品！

猛打廣告的證券公司到處設立辦公室，你直接找他們，通常由你自己決定怎麼投資，他們不為你分析你的財務狀況。但是我這個 Broker 要為你做財務分析，你的財務安全諮詢一次最少要 3 小時。你完全明白了，決定要做了，我幫你填申請表格，支票是 Pay to 投資公司或人壽保險公司。

如果你要想想，等您想好了再找我也行。你免費，公司付錢給我。因為我是代表你去選對你最有「利」的產品，我沒有業績壓力，常常不會 Push 你！再來你開支票是付給保險公司或投資公司，不是開給（Pay to）我王定和的！我的背後有太多家大保險公司和大投資公司做後盾。

如果我殘障或死亡不能為你服務了，你直接打 800 號免費電話給投資公司或保險公司，很容易的。

Agent 代表投資公司或保險公司，他們只能賣這家投資公司或保險公司的產品，不論那產品的各項費用有多高，保費多貴，他都得賣給你。Agent 有業績的壓力，他們每年達不到公司定的業績標準就會被公司解約，因此 Agent 的淘汰率一年高達 95%以上！因為有業績的壓力，所以會對你 Push！Agent 只有一家保險公司或投資公司做後盾。

這個 Agent 不做了，公司會給一個 Agent，等你找這個 Agent 時，他說佣金被張三賺走了，他不會為你服務的，還是要你親自打 800 號免費電話給總公司。

你要瞭解你的財務是不是安全？你得找一位對「投資、避稅、保護財產」有全盤知識的人來為你做財務分析。常言說：「不怕貨比貨，就怕不識貨」，請打電話給王定和，你跟他談談，你就知道你找對人了！

用多層次傳銷方式賣人壽保險，請看看主流權威月刊和律師怎麼說的：

「滿屋子人，保險經紀告訴我們投資回報每年 12%，我們全都上當了！」你說的是 Hubert Humphrey 弄出來 Variable Universal Life（簡稱 VUL.）人壽保險多層銷售法，跟我給你的中英文 Equity Index Annuity（簡稱 EIA.）是兩種風馬牛不相關的產品。你不想學，不要學，也不願意學，因此你看不看我給你的 EIA 中英文資料就用 VUL 的上當經驗跟我抬 EIA 的槓。你想要得到甚麼樣的回答？

你到圖書館借一本 2000 年 5 月權威經濟月刊 MONEY 翻到 116 頁，標題是「HUBERT THE GREAT（了不起的胡m特）117 頁標題是「Hubert Humphrey Wants to sell Middle American Loads of gimmicky, high-cost investments through an army of part-time brokers. The scary part: It's working.（胡m特韓福瑞把經過慎密處理過的重擔，那是一種高價投資，透過軍階的方式讓做零工的保險經紀人賣給美國的中產階級。可怕的是：有效！」

住在聖地牙哥的 John A. Prior, Jr.委託律師 Joseph W. Golden 看他跟 WMA 公司之間所簽的合約。請看一開始律師的回話：「Dear Jack: After reviewing these contracts, it is obvious that the contracts have been written completely in favor of World Marketing Alliance and WMA Securities, Inc., and not in favor of the sale representative.........（看過這些合同後，這種合同顯然都是專為 WMA 債券公司的利益而立，對銷售代表完全無利！……）

除此之外還有 2000 年 1 月 17 日和 2 月 28 日投資新聞（INVESTMENT NEWS）等的評論，沒有好話！

你說：「一屋子的人……」包括你在內，都是被胡m特韓福瑞先生耍的人！因為你不會也不願意，甚至沒有能力在吃了虧上了當之後把吃虧上當的原因找出來。甚至天真的以為只要找到一個王定和做你的下線，你就可以躺著吃了！

閣下英文行，就把你和公司簽的合約仔細讀讀。英文不行就花錢請一位律師幫你看看。矇矇擦擦就跟公司簽了合約去做，結果是公司得所有的「利」，這是你要的 contract 嗎？你把 VUL 吃的虧算到 EIA 的頭上跟我抬槓，如果我跟你這樣抬槓，你願意理我嗎？

是的，一種米養百種人，對於你這樣拿張飛打岳飛的人來說，正符合哈佛大學校長說的：「學費很貴，但你得為無知付出代價！」

如果你是 1960 年出生的人，
請仔細的讀讀這篇感言

　　1960 年出生的人剛好碰上文化大革命，基礎教育受到摧殘，因而文化程度不高。1976 文革以後能自己受完高等教育的人大概不到 1%。今天不論你用甚麼辦法來到美國，當你面對江湖半把刀的時候，你不但沒有能力分辨她們說的是真還是假，更不知道自己是不是吃了虧上了當。你向我買人壽保險或是 EIA.等某些產品以後，你沒有辦法証明我說的是真還是假？於是你問跟我有關的同行「我說的對不對？」舉例：

　　如果你向我買 WHOLE LIFE（簡稱 WL.）人壽保險，我告訴你 WL.是非常落伍的保險，你付保費要付到人死為止，人不死得付到 100 歲，你去問賣人壽保險的陳大，他對你說「我們公司的 WL.只要付 10 年就不付了」，你又問李五，他說：「我們公司的 WL.只要付 8 年就不付了」，你一定認為我是睜起說瞎話。你的疑問是「為甚麼都說 10 年 8 年就不付了，只有你王定和說不行?!」等你買了 WL. 10 年以後，發現吃虧上當了，你要找誰？

　　為了不讓你吃虧上當受騙，我寫了一本「要富有嗎？你必須知道投資、避稅、保護財產」第 35 到 40 頁把 WL.說的清清楚楚。只要你讀讀這本書，你就知道誰說的是真話，誰說的是胡話了！

　　如果你要向我開 EIA.帳戶，劉四告訴你，他賣的 EIA.一開始 A 保險公司就付給你 20% 獎金，你又懷疑了「為甚麼你王定和賣給我的 EIA.簽約 14 年，只付 10%獎金，劉四賣的 EIA. 付 20%獎金？」

　　我是 BROKER，代表你去買對你最有利的產品，那種付 20% 獎金的產品，我也可以賣給你。問題是我看的懂英文說明書，看了說明書就知道給你 20%是餌，但是你沒有能力發現其中的詐！我不能賣這種產品給你！有幾家在華人地區高利給付的保險公司的 EIA.是不能碰的！你不知道！我知道。

金字塔式的財務

根據 1984 年 4 月 30 日專為醫生看的 Medical Economics 第 111 頁指出財務安全的基礎就是生前信託（Living Trust），長期看護保險（Long Term Care），人壽保險（Life Insurance）和養老計劃（Pension Plan）。

夫妻財務不安全，家庭就會不和睦，離婚的機會也大！

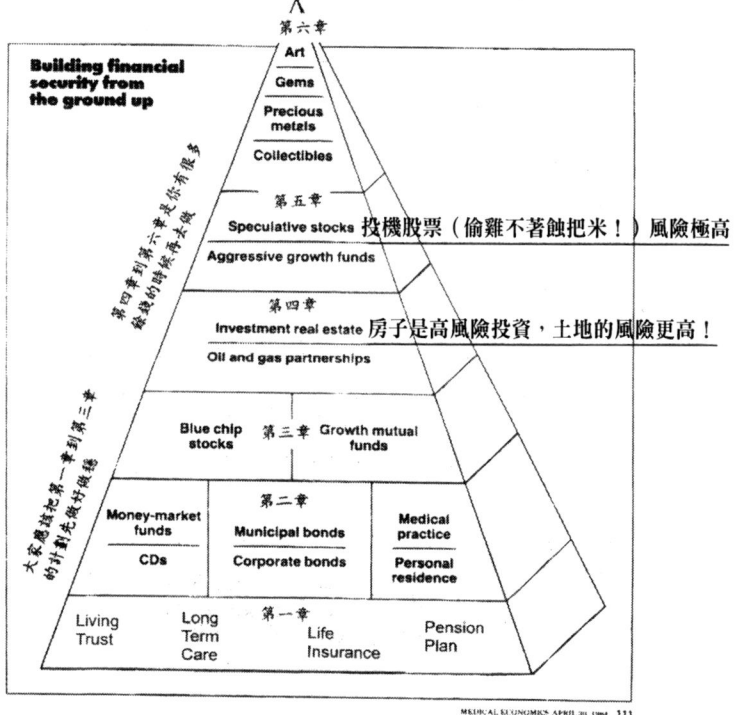

金字塔圖（由上而下）：

- 第六章：Art、Gems、Precious metals、Collectibles
- 第五章：Speculative stocks 投機股票（偷雞不著蝕把米！）風險極高、Aggressive growth funds
- 第四章：Investment real estate 房子是高風險投資，土地的風險更高！、Oil and gas partnerships
- 第三章：Blue chip stocks、Growth mutual funds
- 第二章：Money-market funds、CDs、Municipal bonds、Corporate bonds、Medical practice、Personal residence
- 第一章：Living Trust、Long Term Care、Life Insurance、Pension Plan

Building financial security from the ground up

第六章到第六章是你有限多輸錢的時候再去玩

大家應該把第一章到第三章的計劃先做好做穩

生前信託（LIVING TRUST）的重要性

在加州，你的錢或房地產或股票等的市值超過 10 萬元（紐約州是 2 萬元），你死亡的時候就要經過遺囑認證法庭（Probate Court），因此你要付遺囑認證法庭行政費、律師費和執行費等，這些費用去掉你所有財產的 5%~10%。這一認證程序最快也要 18 個月以後，你的子女才能拿到你的遺產。

如果在你死亡的時候，有人出來爭奪你的財產（Will Contest），法官就會把你所有的財產凍結，第一次審理（Trial）日期最快也得 3 年。

30 年前大家開始立生前信託（Living Trust），因為生前信託不會死！因此你死後不經過遺囑認證法庭，也沒有 Will Contest 的麻煩。

什麼是「生前信託」Living Trust？

「生前信託」是一種財產計劃的方法，近 20 年來為自己立「生前信託」的人愈來愈多，「生前信託」只是一個信託而已。此一信託要在你有生之年設立。

「生前信託」與「遺囑裡有的基金」其中包括的只是一個遺囑（Will），而此遺囑只是當一個人去世以後才有效。

「生前信託」由專門律師來準備各種文件，其中包托：

一、立信託者（Trustor(s)）；你個人或你們夫妻。

二、信託受託管理人（Trustee）；可以有幾個人或公司來做基金受託管理人，這些人或公司有頭銜（Title）來掌管此基金內之財產。

三、受益人（Beneficiaries）；從這個信託內得到好處的個人或一些人。

當你們夫妻二人與律師談過話，而決定設立一個「生前信託」：

一、所有設立信託的各項文件，律師都得先準備好，然後由你們夫妻在各項文件上簽名。

二、你們夫妻是立信託者（Trustors），然後把你們自己轉為信託受託管理人（Trustee）。實際上立信託者和信託受託管理人是自己或你們夫妻。此一信託內之一切錢財，在你們夫妻有生之年可以隨意動用（Revocable），只要你們高興，你們可以從信託內提取任何錢，賣掉房子或土地，大房子換小，小房子換大，就像沒有設立此一信託一樣。

三、你們夫妻有生之年，你們夫妻二人就是此一信託的受益人。一旦你們夫妻去世，你們的兒子或女兒及孫子或孫女就成為這個信託的受益人。同時，被指定的繼承人，也就是信託受託管理人（Trustee），繼續掌理此信託內之資財（Assets）。

信託受託管理人的名字都特別列入文件內。（如你們夫妻去世，你要先生的弟弟做信託受託管理人，那麼就要把先生弟弟的名字列入文件內，如果不想麻煩親友，你可以委託銀行的 Trustee 部門做為信託管理人，等了女長大成人再由子女做管理人。）

「生前信託」Living Trust 得到什麼好處？

要瞭解「生前信託」的各種好處，就要瞭解轉變（Alternatives），最明顯的轉變是一個人的遺囑（Will）。

一、在普通遺囑裡，設立一個在自己去世後來執行自己遺囑的人（Executor），由這個人來執行你的財產分配，如把錢給誰，房了給誰，遺產稅怎麼付等等，你的這些指示要在遺囑認證法庭（Probate Court）監督下完成。

要經過遺囑認證法庭的查驗，就要把你名下的財產轉到活著人（如你太太）的名下，等你太太去世，所有的財產都會受到影響，尤其是遺產稅。此外還有執行費，律師費和行政費等。

「生前信託」比遺囑有很多好處，因為「生前信託」允許一個人死後可以避過遺囑認證法庭的處置。

因此，當你有生之年設立一個「生前信託」，一旦去世，則你名下所有的財產都轉入此「生前信託」名下，「生前信託」不會死亡，所以「生前信託」可以不經遺囑認證法庭查驗的處置而避過財產重大損耗（如律師費，行政費及執行費等）。

註：加州財產在十萬元以下不必經過 Probate Court。

二、「生前信託」比遺囑要隱私的多，一經遺囑認證查驗，你的遺囑就成為公開的記錄。而立「生前信託」的人一旦死亡，不經遺囑認證查驗，所以不列入法庭公開記錄，只有受益人才有權利知道此基金內之各種約章。

三、當你因病或傷殘而失去管理自己財產的能力時，此「生前信託」遂成為很重要的一個好處，那就是不須要指定一個管理人來管理立基金者（Trustor）的財產。

四、因為指定一個人來管你的財產，與遺囑認證查驗一樣手續繁雜而費用甚大。如果立了「生前信託」，一旦殘障，則其財產管理即轉入此一信託，信託受託管理人（Trustee）為你這立信託者（Trustors）的利益而管理此一信託內之財產，因而避過在法庭監督下來指定管理人的一切重負及費用。

五、凡是不受遺囑影響的資料，像是壽險理賠和僱用人員死亡福利轉入「生前信託」；一旦死亡，保險公司理賠就是實收款項，馬上由立信託者的家人接受理賠和掌管。

「生前信託」可以完全代替遺囑（Will）嗎？

從上述情況看來，在你有生之年將財產轉入「生前信託」，一旦去世，則此一「生前信託」可以完全代替遺囑。

在你有生之年，你可以把錢或不動產從基金內拿出去，也可以放進來。但是有的財產如某種專業公司（Professional Corporations）的股票不可以放入「生前信託」。對於這種財產，你可以立一個遺囑 Will 去處理它。這種遺囑可以附加在「生前信託」裡。

即使這種專業公司的股票及其它不可存入「生前信託」內的財產無法避過遺囑認證法庭的查驗與處置，你更應瞭解：

遺囑認證法庭是按死亡者的財產總值直接徵收各種費用的。如果只有很少的財產要經過遺囑認證法庭的查驗與處置，就大大減少被徵收的費用了。

「生前信託」可以節省財產稅（Estate Tax）嗎？

財產稅按夫妻財產的總值從 30% 抽到 40%。稅法規定夫妻二人 2013 年各有 525 萬元的寬減額，如果夫妻二人的財產在 1050 萬以下，一旦先生去世，他的財產轉到太太名下不抽財產稅。如果夫妻的財產是 2000 萬，行生之年先生 1000 萬，太太 1000 萬，一旦先生去世，他的 1000 萬轉給太太，太太就有 2000 萬的財產，減去 1050 萬寬減額，多出來的 950 萬要抽 40% 的財產稅。如果夫妻立了「ABC 生前信託基金」，這多出來的 950 萬就暫時不抽財產稅。

遺產稅的寬減額從 2001 年的夫妻各 $675,000 逐漸增高到 2014 年的夫妻各 534 萬。

2001 年	夫妻每人免稅額	$675,000
2002~2003	2001/5/26 新稅法由	$700,000 增加到 $1,000,000
2004~2005	$850,000 增加到 $1,500,000	
2006~2008	$950,000 增加到 $2,000,000	
2009	$1,000,000 增加到 $3,500,000	
2010	廢除遺產稅	
2011	$5,000,000	
2012	$5,120,000	
2013	$5,250,000	
2014	$5,340,000	

你們夫妻二人沒有立生前信託，一旦個人死亡就先損失了一個減遺產稅的名額。遺產稅 60 年修正 19 次。

假設：

2014 年你們夫妻的財產是 1500 萬，你不幸過世，你們有生前信託 ABC：

你太太是活人，因此是 A

你是死人,因此是 B

A 和 B 各有 534 萬共有 1068 萬元免付遺產稅,那多出來的 432 萬元轉入生前信託 C 也可暫時避過遺產稅。

如果聯邦取消遺產稅,但是各州要加重遺產稅的稅率!

當錢和房地產(Assets)轉入「生前信託」時,會有什麼情況發生?

立信託者(Trustors),對此一信託內之所有錢財保有一切權利,也就是此一信託實際上的所有人(Owner),只是將錢財轉入此一「生前信託」內時會有一些問題,這些問題須要專辦此事的律師來幫你準備各種文件。若有特殊情況發生,律師會給你建議來解決它。

把錢財轉入「生前信託」內還有幾個重點:

一、收入稅(Income Tax),在立信託者(Trustors)存生之年,其所存的收入及抵稅(Deduction)都由個人申報。信託則分開二部份報稅,一是聯邦 Federal 的 1041 表,一是加州的 California 541 表。如立信託者(Trustors),也是此一信託的託管人(Trustee),而夫妻二人又都活著,則不必分開填報聯邦 1041 和加州 541 表格。

二、在加州 13 號提案下(Proposition 13),將加州的不動產(Real property)轉入「生前信託」內,不會再估價而增加財產稅。

三、將一棟住宅轉入「生前信託」,對抵押貸款(Mortgage)或抵押權狀(Trust Deed)都不違反任何「售屋還清(Due-on-sale)」的條款。因此不會被催還貸款。

四、將住宅轉入「生前信託」,屋主財產稅(Property Tax)的寬減(Exemption)會被取消,如果立信託者(Trustors)活著,還是住在這棟房子裡,仍然可以申請此一財產稅的寬減額。

五、將住宅轉入「生前信託」內,此住宅在出售時,也不會喪失某種稅上的利益。

六、把 Subchapter 公司的股票轉入「生前信託」,不會被取消其 Subchapter S 的選舉權。

為什麼生前信託這麼重要？

你先要知道你買房地產的時候用的是什麼 Title（產權）。產權是 Joint Tenant：假定這棟房子或這塊土地有五個人，死一個就轉到另外四個人，再死一個就轉到另外三個人……最後一人死的時候這棟房子或這塊土地就進入遺囑認證法庭（Probate Court），付法庭行政費、律師費和執行費，通常是你所有財產的 5% 到 10%（財產很大，付的法庭費會小，如 2000 萬可能只付 1% 或 2%），9 個月之內付不出法庭費，你的財產就會被法庭強迫拍賣（Probate Sale 通常是市價的 80%，因為政府要快拿到錢）。

產權是 Tenancy In Common：假定這五個人在這棟房子或這塊地陳大 40%、劉二 30%、張三 10%、李四 10%、王五 10%。這五個人不論哪一個人要賣他那百分比的時候不需要經過別人同意，一旦死亡可以立刻進入遺囑認證法庭付法庭費。

立了生前信託 Living Trust 可以避開遺囑認證法庭，不付法庭費，買了房地產就得立生前信託。

立好生前信託

生前信託如同保險箱，有生之年你得把所有的錢財放進此一信託內。只要活著，錢財隨你的意從信託內拿出和放進來。只有人過世，這個信託的保險箱就把門關上。政府和國稅局都拿不到你的錢和財產。如果你做了生前信託，但是所有的錢沒放進信託內，當你過世的時候，政府和國稅局就能拿到所有你沒放進信託內的錢財！

你會為「你想……」、「你認為……」而付出無知的代價！

你「想」把兒女的名字放進你們夫妻買的房地產裡，你「認為」這樣可以在將來把房地產給他們。這是你認為，美國法律不是這樣的！

如果你們兒女出了車禍或他們欠了別人錢，對方就會把有他們名字的房地產告上法庭，也就是你的辛苦錢跟著賠進去。

正確的作法是：

找一位專做財務計畫的律師為你們立一個「生前信託 Living Trust」，有生之年你們夫妻是這個信託的管理人 Trustee，兩人都過世了，你們年滿 18 歲的兒女就自動接你們信託的管理人。

結論：

『生前信託』是一個很有伸縮性的財產計劃（Estate planning）工具，此一基金使自己及其受益人避過遺囑認證法庭的查驗，而得到延緩，節省費用，避免公開秘密及諸多不便的好處。凡輕視此「生前信託」伸縮性的人，會使他的財產計劃變得非常複雜，也會耗費他更多的錢財。

註：我去過上千個家庭，卻很少的家庭立了「生前信託」。

關於人壽保險
這是你所有財產的「根」!

只有人壽保險可以代替你這個「根」，要怎麼買對你最有「利」？

便宜：每月賺的錢除去一切開銷後只剩$100或$200，只能買Term，50歲，女，不吸煙，身體健康投保$500000死亡理賠Term，Broker代表她給她七家保險公司的價錢，最便宜的$660，最貴的$1000，她選$660。Agent代表保險公司只給她這一家保險公司的報價，沒有選擇！

增值，作為免稅的退休養老金：存入保單內的錢賺錢沒有1099表，到你老的時候可以拿保單內累積出來的錢，根據稅法7702（B）是免稅退休養老金。

活著就用：這是死亡給錢，沒死但是肝硬化致命重病，只有一或兩年壽命，給錢，慢性重病如心臟病不能工作，給錢，需要24小時看護如中風，老人痴呆等，給錢，這四項都沒用到最後變成免稅養老金。這種人壽保險最好的產品，他的名稱是：Index Explorer Plus UL. 2012。除紐約州不准賣，其他49州都可以買。30到40歲剛買房子，結婚，有小孩的人應該用這種壽險保障家庭。

保證死亡理賠：被保險經紀騙怕了，保險公司在Illustration上白紙黑字的寫上Guarantee（保證）你過世就付30或50萬，100萬……只要死亡，保單內是0，也保證付死亡理賠。

為老人家投保如65歲，保費付的少一點，死亡理賠買得高一點，保單內沒有現金值（Cash Value），只要死亡就理賠投保額。

有大資產做「不可撤銷的人壽保險信託」，此一信託專門用來付遺產稅用的，不要現金值，只要人死就理賠300萬、500萬、1000萬，受益人用這筆錢付清投保人的遺產稅。

作為一種投資、賺錢、避稅、活用和保障的工具。

沒有一家人壽保險的產品都符合上面五種需要。為了競爭，每一家保險公司都會設計出一種很有競爭性的產品。這產品符合投保人的需要，不是這種產品騙人，而是賣這些產品的經紀（Agent）或代理（Broker）對產品的知識不夠，或你要的壽險如IUL，這家保險公司沒有，知識不夠，經驗不足或自己公司沒有你要的壽險產品，又要賺佣金，又行業績的壓力，加上人壽保險這個行業的淘汰率一年之內在95%以上，你要他怎麼誠實？所以你自己得花點時間研究人壽保險。今天講人壽保險最權威的書就是Ben G. Baldwin先生著作的《The New Life Insurance Investment Advisor》。你英文行，到圖書館借一本讀讀，英文不行就上網 http://www.wangbooks.com 買一本中文的《投資、避稅、保護財產》讀讀，有了壽險知識就不會被騙了。

人壽保險產品須知

　　1981 年開始我在紐約人壽保險公司做保險經紀，那時銀行付給存款人的利息很高，所以我們的經理就教我們跟客戶說：「只付 8 年保費就不付了」，後來更教我們對客戶說：「只付 4 年就不再付保費了。」我這個剛入行的菜鳥常然也這麼說。後來學懂了才知道這麼說是錯的！

　　1980 年以後人壽保險隨利率、稅法和股市變動而創新。本人願將多年所學貢獻給各位。

注意：

　　保險有 2 種執照，專保汽車、房子、生意等的保險，這種執照叫 Casulty，專做人壽和殘障保險的執照叫 Life & Disability。會做 Casulty 險的不可能把 Life 做好；而做 Life 險的，不可能把 Casulty 做好，所以在你買人壽保險之前一定要認清楚賣人壽保險的人是做 Casulty 的還是做 Life 的。

　　再來就是找 Broker 還是找 Agent。Broker 是代表你去找對你最有利的產品，Agent 是代表公司，不論那家人壽保險公司的產品多貴、多差勁，他也得賣那公司的產品給你，否則因為他的業績不夠就會被公司解僱。保險經紀的淘汰率是 95%以上！

　　我是先做 Agent，常我不做紐約人壽和全美國家人壽兩家保險公司的 Agent 時，我損失了很多錢。但我現在有 35 家以上的保險公司做我的後盾，一定能為你找到最適合你的人壽保險。

　　需要人壽保險：請電(626)353-0196、紐約（917）566-8879

人壽保險是個人財務計劃的根本：

　　此一根本與律師、會計師、房地產及股票、債券都有密切的關連。請仔細讀這本書，你就會瞭解人壽保險在你財務計劃中是多麼重要的基礎！

人壽保險有幾種？

TERM 最早的人壽保險 WHOLE LIFE
到 1980 年已經賣了 100 多年
UNIVERSAL LIFE 1980 開始
VARIABLE UNIVERSAL LIFE 1990
開始
INDEX UNIVERSAL LIFE 2004 開始，
已經成為人壽保險的趨勢

這是今天講人壽保險最權威的書

SECOND EDITION

THE **NEW**
LIFE INSURANCE
INVESTMENT
ADVISOR

• COMPLETELY REVISED AND UPDATED TO INCLUDE
THE LATEST CHANGES FROM LAW AND THE INTERNET
• GET THE DETAILS ON CHANGING COVERAGE
AND OTHER POLICY OWNER ALTERNATIVES
• HOW TO SELECT A POLICY FOR
THE BEST OVERALL FINANCIAL RETURN

BEN G. BALDWIN

人壽保險與你的財務狀況有關，你每個月賺的錢除去一切開銷後只剩下很少的一點錢如$100或$200，又有人壽保險的需要，你應該買 Term 人壽保險。

Term

這是最早的人壽保險，保費隨年齡的增加而上漲（所有的人壽保險都是按 Term 計保費的）。舉例：

你40歲，男，不吸煙，投10萬元死亡理賠：

歲數	假定一年付的保費	每月平均付保費
40	$200	$16.67
41	$224	$18.67
42	$240	$20
43	$264	$22

每月付保費就有人壽保險，上個月付了保費，這個月死了，保險公司就賠10萬給你指定的受益人。上個月沒付保費，這個月只管30天，這個月死，保險公司仍賠10萬，下個月保單就失效了，下個月死保險公司就不賠了。

保費如同汽車、房屋、醫藥等的保費有去無回。最新的 Term 壽險，你投20或30年壽險願加100%保費，20或30年到期，你付的保費如$20,000，這$20,000 保險公司全還給你。

Term 人壽保險可以買5年、10年、15年、20年、25年和30年。每個月付固定不變的保費。一旦到期，要繼續有保，還得通過保險公司的體檢，體檢不通過，保險公司拒保。體檢通過，保費會大幅上漲！

1980 年以前美國的保險公司賣 Whole Life 已經 100 多年了，Whole Life 付固定不變的保費，如每個月$100 就是$100，不能多也不能少。這是從 0 歲到 100 歲平均出來的保費，就是 0 歲多付很多保費，100 歲就少付。

Whole Life（簡稱 WL.）

保單封面是白紙黑字，絕對不是保險經紀或 Broker 所說的「8 或 10 年就不付了。」

（終生人壽險保單的封面）

```
INSURED—YUNMEI
POLICY NUMBER—44 653
POLICY DATE—AUGUST 199
```

Life Insurance Company

Life Insurance Company will pay the benefits of this policy in accordance with its provisions. The pages which follow are also a part of this policy.

10 Day Right To Examine Policy. Please examine your policy. Within 10 days after delivery, you can return it to Life Insurance Company or to the agent through whom it was purchased, with a written request for a full refund of premium. Upon such request, the policy will be void from the start, and a full premium refund will be made.

Premiums. The premiums for this policy are shown in the Premium Schedule on the Policy Data page. They are payable in accordance with the Premiums section.

Whole Life Policy.（注意看這裡）
Life Insurance Payable at Insured's Death. Premiums Payable During Insured's Lifetime, as shown on the Policy Data page. Policy is Eligible for Dividends.

This policy is executed as of the date of issue shown on the policy Date page.

人壽保險費付到投保人死亡為止。（這是白紙黑字）投保人有生之年（insured's lifetime）都得付保費。每年會付紅利。（紅利是沒有保證的）。

也有保險公司在保單的封面上是這麼寫:

> **Whole Life Policy**
> Life insurance payable when the insured dies.
> Premiums payable for a stated period.
> Annual dividends.

Stated-Period 是說你 40 歲投保,看保單內頁,Stated Period 是 60,這是說 40+60=100,你保費要付到 100 歲。

也有保險司把這些話不寫在保單封面上,而是寫在保單裡面,好詐!

> **PREMIUMS**   Payment of Premiums Each premium is payable, while the Insured is living, on or before its due date as shown in the Premium schedule. Premiums are payable at our Home Office or at one of our service offices.

你相信保險經紀或 Broker 的話「8 年以後不付保費了」,你應該看保單內 Grace Period,是這麼說:

> **Grace Period**
> 寬限期
>
> After the first premium has been paid, we allow a 31day grace period to pay each following premium. This means that each premium after the first can be paid within 31 days after its due date. During this grace period the policy remains in full force. If a premium is not paid by the end of this grace period, the policy will lapse as of the premium due date. See "Lapse Benefits" in Part 3.
>
> **Example:**
>
> 舉例   *A premium was due June 9th. Your policy remains in full force as long as this premium is paid by July 10th. If it is not paid by July 10th, your policy lapses as of June 9th.*

寬限期: 你停止付保費以後,人壽保險公司給你 31 天的寬限期,31 天之內把保費存入保單,保單繼續有效。31 天之內沒有把保費存進保單內,這保單就失效(Lapse)了!

舉例: 保費 6 月 9 日到期,到期你沒有繼續付保費,你的保單有效期寬延到 7 月 10 日,如果 7 月 10 日還沒把錢存進保單內,你的保單在 6 月 9 日失效。

保單失效後的選擇

What Happens If This Policy Lapses　**Lapse Benefits 保單失效後的利益選擇**

If a premium is not paid by the end of the 31day grace period, this policy will lapse as of the due date of that premium. We call this premium due date the date of lapse.

Several things can occur when this policy lapses. First, this policy is no longer ''in full force''. If there is no cash surrender value as of the date of lapse, the insurance will terminate. But if there is a cash surrender value, it will automatically be used as a net single premium at the attained age of the Insured to provide either extended term insurance or paid-up life insurance and the policy will continue ''in force''.

These two types of insurance are explained in the provisions which follow. Either will begin as of the date of lapse and will be participating, as explained in ''This Policy's Share In Dividends'' in this Part.

1. 保單內有現金值（Cash Value），你可以全部提出，結束保險。保單內沒有現金值，保單自動失效。

2. 以保單內的現金值如$5,000元，以這$5,000元自動轉成 Extended Term Insurance；這是說用保單內的$5,000去買一個有去無回假定是10年零121天的人壽保險。在這10年零121天之內死亡，人壽保險公司理賠10萬（或是15萬，或是20萬）的理賠，10年零121天一過$5,000沒了，人壽保險也沒了。

3. 以保單內的$5,000去買一個一輩子都有的 Paid-up 人壽保險，不是10萬（15萬或20萬）了，是2萬（這是舉例，也許$24,000，也許38,000）。

4. 借保單內的$5,000元付每個月的保費（如$150元），這叫做 Automatic Loan。借保費付保費會有紅利（Dividend），但紅利的收入少於保費很多，因此現金值會大量縮水，一直縮到現金值用光保單作廢。當你死亡的時候，借的保費要從死亡理賠中扣回去。

俗語說：「口說無憑」，要有憑有據就得「白紙黑字」。人壽保險經紀或 Broker 跟你說10年以後就不付保費了，那是「口說無憑」，保單裡說的是「白紙黑字」。

人壽保險公司依其自身的收益，可以假設你付10年或16年保費後不再付保費了，然後借你保單內的錢付每個月的保費（Automatic Loan），可以維持到你100歲。但這是沒有保證的！這種情況英文叫做 VANISH PREMIUM PROGRAM。當你死亡的時候，如40歲投保，48歲停付保費，於是借現金值付保費，現金值借完，保單作廢（Lapse）。

4 年或 8 年就不付保費的根源

1980 年石油危機，那時銀行付付你 16%的利息，你向銀行借錢要付銀行 21%的利息，通貨膨脹是 12%，這時人壽保險公司以高利為基本創出 4 年或 8 年就不付保費了。

事實上利息在 1984 年以後就開始下降，2000 年更下降到銀行付你存款利息 2%。利息下降投保人付了 4 年或 8 年後還得自付，因此投保人集體告保險公司，**所有的人壽保險公司都被告**。

投保人告保險公司：

UNITED STATES DISTRICT COURT FOR
THE DISTRICT OF MASSACHUSETTS

VICTOR BUSSIE, MORLEY MORGANA,)	
QUENTIN DAWSON, and MARGARET)	
DAWSON, INDIVIDUALLY AND AS)	
REPRESENTATIVES OF OTHERS SIMILARLY)	
SITUATED,)	**Civil Action**
Plaintiffs)	**No.97-40204**
FINANCIAL CORPORATION, FINANCIAL)	
CORPORATION, FIRST FINANCIAL LIFE)	
INSURANCE COMPANY, and FINANCIAL LIFE)	
INSURANCE AND ANNUITY COMPANY,)	
Defendants.)	

**THIS NOTICE IS SENT TO YOU BY A FEDERAL DISTRICT COURT.
IT DESCRIBES THE PROPOSED SETTLEMENT OF A CLASS ACTION LAWSUIT.
IMPORTANT BENEFITS MAY BE AVAILABLE TO YOU UNDER TE PROPOSED SETTLEMENT.
YOU NEED NOT RESPOND TO THIS NOTICE IN ORDER TO RECEIVE THESE BENEFITS.
IF YOU DO NOT WANT TO BE PART OF THE SETTLEMENT, YOU MUST EXCLUDE YOURSELF BY FEBRUARY 17,1999.
IF YOU CURRENTLY HAVE A LAWSUIT AGAINST FINANCIAL CORPORATION, FINANCIAL CORPORATION, FIRST FINANCIAL LIFE INSURANCE COMPANY, OR FINANCIAL LIFE INSURANCE AND ANNUITY COMPANY OR IF YOU INTEND TO START SUCH A PROCEEDING, THE PROPOSED SETTLEMENT MAY AFFECT YOUR RIGHT TO DO SO.
IF YOU HAVE QUESTIONS CALL 1-800-5-0616 TO SPEAK TO A TRAINED REPRESENTIVE. YOUR CALL MAY BE MONITORED BY LEAD COUNSEL**

這是保險公司與投保人的和解

> NOTICE OF APPROVAL
> OF SETTLEMENT
> AND OPPORTUNITY TO
> ELECTRELIEF AND BENEFITS
>
> * * *
>
> THIS IS NOTICE TO YOU OF THE SETTLEMENT
> OF A CALSS ACTION LAWSUIT.
>
> IMPORTANT BENEFITS MAY BE AVAILABLE TO YOU UNDER THE SETTLEMENT.
>
> THE ENCLOSED ELECTION FORM ALLOWS YOU TO ELECT A BENEFIT AND STATES THE DEADLINE FOR ELECTING A BENEFIT.
>
> THE SETTLEMENT DOES NOT ALTER THE EXPRESS TERMS OF YOUR EXISTINGPOLICY. YOU ARE STILL ABLE TO MAKE A CLAIM FOR ANY BENEFITS, AVAIL ABLE NOW, OR IN THE FUTURE, UNDER THE TERMS OF YOUR EXISTING POLICY.
>
> IF YOU HAVE QUESTIONS AFTER READING THIS NOTICE,
> CALL 1-800-5-0616
>
> 和解的條件是：
> 你再買一個 Whole Life，第一年保費便宜 30%，你再 Universal Life 上加保，第一年保費便宜 30%，如此而已！

今天保險公司的保險經紀仍然對你說「只要付 10 或 16 年就不付了」實在可惡！因為他們知道中國人發現自己吃虧上當以後，頂多不繳保費或退保，但不會告他們，再來他們可能做不到一年就被淘汰出局了，先賣了再說。你以後找他，他早就不幹了！做的久的人也是為自己的佣金高而賣 Whole Life 給你！

「THE NEW LIFE INSURANCE INVESTMENT ADVISOR 最新人壽保險投資顧問」是現在講人壽保險最權威的一本書，作者是 Ben G. Baldwin，他有人壽保險最高執照 CLU，財務諮詢最高執照 ChFC，財務計劃最高執照 CFP，全美國這三張執照都有的人不出二百人。

這本書一開始有 15 位人壽保險及財務專家推介作者和這本書。

序文第一頁說：Ellen 的父親告訴她「不要把妳的投資和人壽保險混在一起」，他說這話在他那個年代是對的……但是今天他就錯了（but he is not right today）。

第 52 頁問：「這是一個好的投資嗎？But, Is It a Good Investment？」你看專家是怎麼回答的：

答：「Our rule of thumb *is no, whole life is not an acceptable alternative* for most people today. The reasons and assumptions underlying that rule are as follows.」

根據我們的經驗 Whole Life 不是一個好的投資，今天絕大多數的人不接受 Whole Life 了，不接受的原因如下：

1. 保險公司投資在公債及房屋貸款所收利息的帳戶中，其投資回報率不要期望超過 5%或 5.5%。
2. 對於長期投資人來說，只有公債和房屋貸款所收的利息二項，沒有其他投資可選，那是不夠的。
3. 保險公司經營不善會遭到債主討債，保險公司可以用你 Whole Life 內的錢去賠給債主，這對你來說是不能接受也是不必要的（Executive Life, Mutual Benefit Life 等就是這樣。）
4. Whole Life 保單持有人不能也無法掌控投資。
5. Whole Life 的保單是保險公司單方面的保單，專門把你口袋裡的錢挖到保險公司，而且只是提供債及房屋貸款所收利息二種帳戶，投資人要改變投資或是有其它投資的需要或是想要轉換投資都沒辦法。
6. 投保額及所付的保費是固定不變的（如果有$100,000 人壽保險，每個月付$150 元不能多，也不能少。）

你付的 Whole Life 保費既不是用來付死亡率（Mortality）也不是用來付各種費用（Expense）的，是用來保證你保單內的利率而已。舉例：

42 歲，男，不吸煙，身體健康，投 10 萬 Whole Life 死亡理賠，每月付$163.5 到 100 歲，一共付了$113,796，這錢保證他保單內的利率而已。

Universal Life（簡稱 UL.）

1980 年石油危機，你把錢存進銀行，銀行付給你 16% 的利息，向銀行借錢買汽車，買房子要付給銀行 21% 的利息。

很多 Whole Life 投保人向保險公司借保單內的錢，付給保險公司 5% 的利息，存入銀行拿 16% 的利息。保險公司為防止投保人提錢，於是從歐洲引進 Universal Life，這種人壽保險的設計是付投保人保證 4% 或 4.5% 的利息，若是銀行付 16% 的利息，則 Universal Life 付 17% 或 18% 的利息。

因為 UL. 也是用 Term 收保費的，年齡愈大保費愈高，如果你保單內的錢少，產生出來的利息不足以付保費就會吃到你的本金，本利都用完了，這份保單就失效了。舉例：

保單內的現金值（Cash Value）有$10,000，一年賺 5% 的利息即$500，保費和行政費加起來要$1,000，不足的$500 就從現金值中扣。

UL. 的保費有彈性，有錢多存，缺錢少存，沒錢不存。如你 30 歲，投 10 萬死亡理賠壽險，不吸煙，身體健康，每個月最少存入保單內$80，最多$300（這是假定）從$80 到$300 由你自己決定。

UL.有二種 Option

Option A 假定你買$100,000 死亡理賠壽險，你保單內有$10,000，你付$90,000 保費，人死的時候，保險公司把保單內$10,000 現金值加$90,000 壽險理賠共$100,000 給你指定的受益人。Illustration 上死亡利益（Death Benefit）一欄$100,000 一直不變。要到 20 或 30 年以後才會因為現金值多了而改變死亡利益。

Option B 一開始你就付$100,000 死亡理賠的保費，所以你死的時候，保單內$10,000 現金值加上$100,000 死亡理賠成為$110,000 給你的受益人。Illustration 上死亡利益從第一年開始就變。

UL.投保人可以在同一張保單內增加死亡理賠，如 10 歲父母為你投了 10 萬元壽險，到 35 歲，你需要$500,000 壽險，你做一次體檢，合格了，同一張保單就從$100,000 死亡理賠，增加到$500,000。

也可以減少死亡理賠，到 65 歲，孩子都大了，房子也付清了，不需要$500,000 壽險理賠，你通知保險公司把$500,000 死亡理賠再降為$100,000，減低保額不要體檢。（Whole Life 就不可以隨意加減保額）

Ben G. Baldwin 先生在書內第 74 頁問：

「這是一個好的投資嗎？But, Is It A Good Investment？」

回答是：「Generally speaking, universal life is not an acceptable alternative for today's insurance buyer. The reasons and assumptions behind this generalization are：」

一般來說，今天投人壽保險的人根本不接受 Universal 人壽保險，原因如下：

1. 根據過去歷年投資平均回報率，我們不能期望保險公司提供的一年保證利率會超過通貨膨脹 2%（Universal Life 的保證利息是 4%或 4.5%，但通貨膨脹率是 3%或 4%）

2. 對長期投資人來說，只提供一年利息帳戶，沒有其他選擇，那是不夠的。

3. 保險公司經營不善會遭到債主討債，保險公司可以用你 Universal Life 裡的錢去賠給債主，這對你來說是不能接受也是不必要的。

4. 你不能掌控 Universal Life 保單內的投資。

5. Universal Life 的保單是保險公司單方面的保單，也是專門把你口袋裡的錢挖到保險公司，只提供保證利息而已，你要改變投資或是有其它投資需要或是想要轉換投資都沒有辦法。

Variable Universal Life（簡稱 VUL.）

UL.和 VUL.最大的不同點是你把錢存入 VUL.你可以掌控你的投資，因為錢進入分開帳戶（Separate Account）去投資共同基金（Mutual Fund）。

1986 年稅法大修正，以前你賺了錢可以買一條街的房子，付的任何利息及銷售稅都可以抵稅（Tax Deduct），從 1988 年開始，只有你自己住的房子及一棟別墅所付的貸款利息可以抵稅，其它的利息及銷售稅全部不能抵稅。這時保險公司推出 Variable Universal Life。

今天講人壽保險最權威的著作是 Ben G. Baldwin 先生著的「The New Life Insurance Investment Advisor」，第9章開頭大標題就說「要富有就使用浮動投資人壽保險 Getting Rich Using Universal Variable」。講共同基金最權威的著作是 William E. Donoghue 先生著的「Mutual Fund Superstar」，第 16 章開頭大標題問「你什麼時候才會投資賺不付稅？……Variable Universal Life，因為第一有共同基金，第二賺錢可以完全免稅（Tax Free）……」。

1994 年 9 月~10 月份「Consumers Digest」第 53 頁「要不要把你的人壽保險結合一個很堅實的投資？那就是 Variable Life，對千百萬美國人來說真是太好了！」

你存進 VUL 內的錢必須進入分開帳戶（Separate Account），分開帳戶中的錢只有賺和賠，絕不會倒閉。因為：

法律規定共同基金的本身不可以買賣股票，ABC 人壽保險公司可以成立共同基金，但不能買股票和債券，必須委託一家在聯邦政府證券管理委員會登記有案的專業投資公司，如：Janus, Idex, Fedelity 等來買賣股票及債券，但投資公司只能買賣股票和債券。不能付錢和收錢，所以 ABC 人壽保險公司的共同基金還得與一家大銀行簽約做為這個基金的監護銀行（Custodian Bank），並在監護銀行內設一分開帳戶（Separate Account），這分開帳戶由專門人員管理。共同基金將收來的錢存入此一分開帳戶，投資公司買進股票或債券，由監護銀行自分開帳戶內付款給賣方，同時將股票及債券存於監護銀行內，投資公司將股票與債券賣出，監護銀行將款收入分開帳戶內，並將股票與債券給予買方。分開帳戶只做這個用。ABC 保險公司、專業投資公司、監護銀行 3 方不論誰倒閉了或全倒閉了，你在分開帳戶內的錢不受任何影響，這就是共同基金鐵包任一樣安全的原因。

1993 年元月 15 日 Botton Line 月刊第 5 頁標題是「How to Protect Yourself from Your Insurance Company 如何從你的保險公司來保護你自己」。

第二段下方說：「Variable annuities and variable life policies, Policyholders with these investments at any insurer are never denied access to annuities or the full benefits of their polices as promised, even if the insurer fails.」

Reason：Your money is never commingled with the general account of the life insurance company. Instead, it is invested in separate accounts, which are not available to the insurer's creditors.

不論你把錢存在那一家人壽保險公司的浮動年金（Variable Annuity）或浮動投資儲蓄人壽保險（Variable Life）內，對你該得的全部利益，保單內都已經說清楚，人壽保險公司絕對不會用任何手段把該給你的利益不給你，即使人壽保險公司垮了，該給你的錢還是要給你的。

理由：你存在浮動年金或浮動投資儲蓄人壽保險內的錢與保險公司自己的錢不能混在一起。浮動年金或浮動投資儲蓄人壽保險內的錢是分開的獨立帳戶（Separate Account），這個帳戶內的錢與人壽保險公司無關，即使人壽保險公司倒閉了，任何債權人（Creditor）都不能碰這分開獨立帳戶內的錢。」

舉例：American Doe 不是大保險公司也名不見經傳，但是這家保險公司用的投資公司都赫赫有名，Fidelity 是全美國最大共同基金投資公司，T. Rowe Price, MFS 等也都是很大很大的投資公司。

假定你每個月存入 VUL 內$300，保險公司扣除 3.5%的銷售稅，0.5%的行政費及保險費後的錢要交給投資公司，投資公司把錢投資在共同基金上，如果這家保險公司倒閉了，你的錢在投資公司，跟這家保險公司無關！

再來，美國沒有保險公司和銀行徹底倒閉的，如果 American Doe 保險公司經營不善，財務狀況很差，會被別家大保險公司買去（假定被 ABC 保險公司買去），你會成為 ABC 保險公司的客戶，如果死亡，由 ABC 保險公司付保單內的本和利再加 10 萬、20 萬……100 萬、200 萬……的死亡理賠。

你投 VUL 或 V.A.要看這家保險公司用的是那幾家投資公司，而不是這家保險公司的大小，同時要看 prosepectus，看他們是不是收取 8%或 11.5%的費用，如果「是」，那就收費太高，你賺的錢就少了。

投 VUL.是有風險的（Risk），不保證賺錢。

因為人壽保險賺錢沒有 1099 表，所以不通知國稅局，從保單內拿錢，實際上是從保單內借錢，按稅法 7702（B）沒有稅！如投資一萬，在共同基金內賺了四萬，拿三萬出來，這三萬沒有稅，這種 VUL.得精通股票的人才能賺錢，一般人不行！

Index Universal Life（簡稱 IUL.）

2000年到2002年股市大跌，當然共同基金也大跌，現在大家一聽共同基金就怕了。

於是保險公司發明 IUL.這種產品的特色是：

保險法不准保險公司做風險投資，因此保險公司把收來的保費只能買國家公債。防大的災難來時死了很多人，保險公司得立刻把國家公債換成現金賠給投保人的受益人。舉例：保險公司收你$100保費，這$100買國家公債賺了$4.0，保險公司把這四塊交給投資銀行（Investment Bank），投資銀行負擔所有的風險。投資銀行把這四塊投資 S & P 500，這是美國經濟的主力。賠了，付保險公司 0%，賺了最高付保險公司 12%，保險公司按投保人年齡和性別扣除 0.5%到 1%的保費，付給你 0%到 11.5%。

S & P 500 是1957年3月4日由 John Boggle 先生發明上市，到2007年3月4日這50年，50年平均回報11.71%。從1981到2012，S & P 500跌了7次，其中2000到2010這10年就大跌4次，因為最壞是0%，股市漲上去，你保單內的錢也跟著漲上去，所以這2000到2010失落的10年，S & P 500回報還有6.4%。

IUL.只賺不賠，賺錢沒有1099表，拿錢按稅法 7702（B）沒有稅。IUL.已經成為現在人壽保險的趨勢了，投一個 IUL.最低的保額，放進保單內最高的錢是賺錢的方法。

付稅或付保費：

你40歲，男，不吸煙，身體健康，每個月從公司或老闆那裡拿到支票先付給自己 10%，$300元吧。2年零10個月存了$10,000元，這一萬元不論投資或儲蓄利息賺的錢都要付稅，而且是累進稅。假定付稅以後不幸死亡，家人只能拿到一萬幾百元；發現自己有病只能活二年，也只有這一萬幾百元；因傷或中風不能上廁所，也不能穿衣，走路，吃飯，需要人24小時看護，也只有這一萬幾百元。如果你每個月把$300元存到最新的 Index Universal Life（IUL）人壽保險，你賺了錢付付保費，付了保費有下列各種好處：

投資：你每個月存入保單內的錢，專業經理幫你投資在 S & P 500 基金裡，股市漲，你賺，賠了，保證付你 0%。

避稅：S & P 500 賺來的錢根據國稅局 7702A（b）條款，對於 IUL 保單內賺的錢，保險公司不給你1099表，也不通知國稅局，因此你賺的錢完全合法的免稅（Tax Free）。

活用：十二個月以後，任何時候你要用錢，扣除 Surrender Charge，你可以從保單內借出最高的錢，沒有稅。10年內從保單內借錢只付1%或2%的利息，10年後不付利息（每家保險公司的設計不同）。

保障：死了當然給錢，不死但是得了肝硬化致命重病（Terminal Illness）只有一年可活，給錢，有慢性重病如心臟病不能工作（Specific Illness），給錢，中風或老人痴呆需

要 24 小時看護，給錢，這四項都沒用到，最後成為你的退休養老金，這是 5 合 1 活著就用的 IUL，最好的產品名稱是 Index Explorer Plus UL. 2012，不要亂買！

退休養老：如果你從不拿 IUL.保單內的錢，到你 65 歲退休 66 歲開始，你每年從 IUL 保單內提取一大筆錢作為退休老用，沒有稅。

說明：286 和 386 都是電腦，1970 年造的汽車也是汽車。但是隨著時代的進步它們都被新的電腦和汽車淘汰了。人壽保險也一樣，當 VUL 和 IUL.出來以後，Whole Life 和 Universal Life 就被淘汰了，因此，你的人壽保險應該每 5 年檢查一下看看。

從 1995 年 1 月 1 日起到 2004 年 12 月 31 日止，你有傳統的 UL.和最新的 IUL.投資回報的比較。舉例：

假定 1995 年 1 月 1 日你把$1,000 存入傳統的 UL，他把$1,000 存入 IUL 中，到 2004 年 12 月 31 日，你的 UL 和他 IUL.保單內現金值的變化。

年	傳統 UL.回報率	傳統 UL.保單內現金值	IUL 投資回報率	IUL.保單內現金值
1995	7.0%	$1,070	12.0%	$1,120
1996	7.0%	$1,145	12.0%	$1,254
1997	6.7%	$1,223	12.0%	$1,405
1998	6.3%	$1,302	12.0%	$1,574
1999	6.0%	$1,380	12.0%	$1,762
2000	6.0%	$1,463	0.0%	$1,762
2001	5.7%	$1,547	0.0%	$1,762
2002	5.0%	$1,627	0.0%	$1,762
2003	4.7%	$1,707	12.0%	$1,974
2004	4.7%	$1,786	9.0%	$2,151
10-Year Results	5.97%	$1,786	7.96%	$2,151

時間和複利

晚一天損失多少錢？

歲	每月存到 IUL	S & P 500 平均回報	存到	66 歲每年拿	拿到	拿了
30	$500	7.5%	65 歲	$112,845	100 歲	$3,949,575
35	$500	7.5%	65	$68,789	100	$2,407,615
40	$500	7.5%	65	$40,272	100	$1,414,945

都拿到一百歲，遲一天做 IUL，看看每天損失多少錢？

30 到 66 歲，每年拿$118,245 X 35 年＝到 100 歲拿了 $3,949,575

35 到 66 歲，每年拿$68,789 X 35 年＝到 100 歲拿了 $2,407,615

$3,949,575 減$2,407,615＝$1,541,960，除以 5 年＝每年$308,392，再除以 365 天＝每天損失$844！

30 歲沒做，到 40 歲才做，10 年裡每天損失$1,388！

Index（指數）S&P500 平均回報率究竟多大？

（根據指數付利息，保證本錢只賺不跌）

2007年3月5日

世界日報財經版

史坦普五百 度50壽辰

牽動美股5兆元資金 平均年報酬率達10.83%

【本報綜合紐約四日電訊報導】在舉世焦點集中於上周全球股災之際，史坦普500指數（S&P 500）4日歡度50歲生日，儘管散戶比較重視道瓊工業指數，華爾街卻更重視S&P 500，據估計約有5.7兆元的資金流入投資其成分股或績效與指數運動的基金。

史坦普公司估計，直接投資S&P500成分股共同基金和其他投資工具的資金約有1.26兆元，另有4.45兆元投資績效與此指數運動的基金，合計幾乎占美國所有上市股票總市值14兆元的40%以上。

S&P 500在1957年3月4日初試啼聲，以44.06點作收，當時的市值約為上周五(2日)收盤的3%。若算入所有成分股公司的股息，S&P 500每年的報酬率平均約10.83%，

換言之，假如50年前在該指數投資1000元，現在約有17萬元。

綜觀S&P 500指數半世紀歷史，世人最需記取的教訓是要具備長期投資觀點，尤其在經歷上周的全球股災後，更需銘記於心。但在慶祝S&P 500指數50歲生日之際，尤需記取其他更深刻的教訓。例如，投資人大多認為「買進與續抱」是投資此指數的不二法門，嚴格說來不完全正確。

1957年3月4日的500家原始成分股公司，現在只剩86家留在指數內，其餘414家公司不是破產、遭併購，就是被剔除在外。事實上，過去50年來陸續新編入指數的公司接近1000家。

的年報酬率應該有11.71%，比指數實際的績效高出0.88個百分點

50年來平均回報 11.71%，INDEX5合1壽險用平均 7.5% 回報計算很保守了吧?!

賣 Whole Life 給你的保險經紀(Agent)
對 Index UL.說的「屁話！」

賣 Whole Life 給你的保險經紀告訴你：「美國經濟不好，S&P 500 連跌 10 年，你存入 Index 人壽保險內的錢就只付你 1%，10 年後就本和利都沒了！」說這種屁話不是無知就是睜眼說瞎話嚇唬你！S&P 500 是美國經濟的龍骨，如果 10 年都賠，美國經濟必定垮掉了！

你認為美國的股市會連續跌 10 年嗎？如果答案是：「不相信」，S&P 500 是跟著股市走的，也絕對不可能連續賠 10 年！

如果股市連跌九年，只要第十年是賺的，你的 Index UL.就是賺的！十年裡只要有一年是賺的，你的 Index UL.就是賺的！

$1,000 Invested Over 20 Years $1,000 投資 S&P 500 超過 20 年

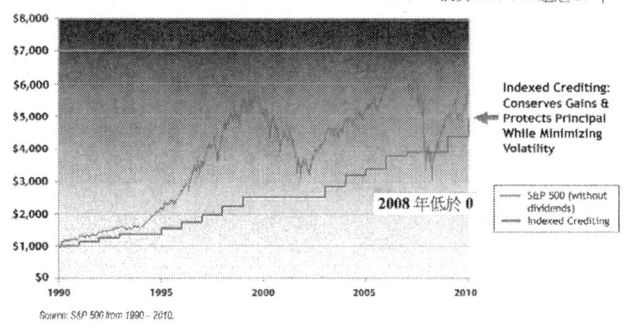

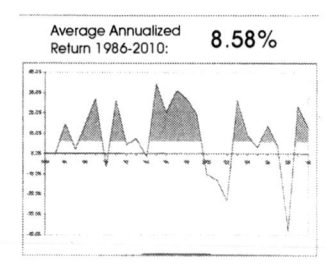

Indexed Crediting: Conserves Gains & Protects Principal While Minimizing Volatility

2008 年低於 0

S&P 500 (without dividends)
Indexed Crediting

Source: S&P 500 from 1990 - 2010.

Average Annualized Return 1986-2010: 8.58%

John Hancock, AXA 等大保險公司非常反對 IUL.壽險，現在他們也推出 IUL.了。1990 到 2010 這 20 年裡，2000、2001、2002 三年股市每年跌 20%，2008 金融海嘯，股市一下子跌 45%，S & P 500 仍然有 8.58%的平均回報，好過 Whole Life、Universal Life 和 Variable Universal Life 太多了，IUL.現在已經成為人壽保險的主力了。

1981 到 2012 這 31 年 S & P 500 跌了 7 次，從 2000 到 2010 這 10 年 S & P 500 跌了 4 次，每次跌得很深，這是美國失落的 10 年，就因為有 0% 保底，所以這 10 年 S & P 500 平均回報有 6.4%。

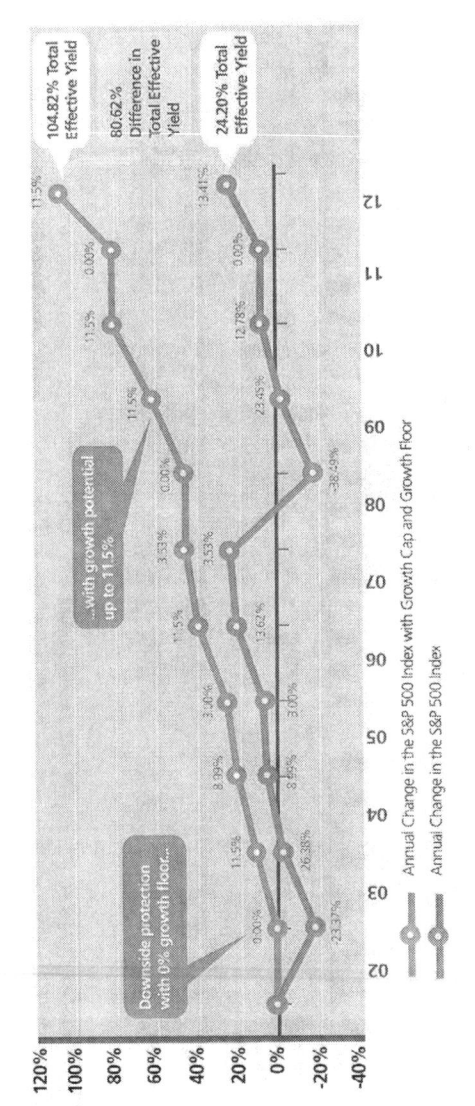

2002年S&P 500跌23.37%，你在IUL.人壽保險裡的錢是0%。2003年S&P 500漲26.38%，你IUL.扣除保費後給你11.5%。2008年S&P 500，下子跌了38.49%，你IUL.裡的錢連本帶利停在0%，不會下跌！所以IUL.是保證只賺不賠的現代人壽保險產品。

Whole Life和Universal Life賺錢的速度根本沒辦法和IUL.比，Variable Universal Life因為投資股市風險大，賺錢的威力也沒辦法和IUL.比！

圖解 IUL

你的錢$只連接

↓

S&P500	人壽保險費，S&P500 帳戶內賺的錢，可以延後報稅（Tax Defer）
看股市行情，股市好，賺錢多，賠了，保證付0%，保證只賺不賠，從這個帳戶內的錢去付	Theodore H. Cohen 39 TC1055 (1963), acq, 1964 - 1 CB4（這是稅法大法官所做的判例）

假定
保額$300,000

到 65 歲，保單中可能已經累積了很多錢，每年從保單中借出$10,000 或$20,000 或$100,000，這借出來的錢，根據國稅局 (IRS)7702A(b)款之規定不付常年所得稅（Tax Free）

※從第二年開始，任何時候從保單中借錢都不付稅（最高借出70%或？%由各保險公司自訂）

↓

中途死亡

↓

S&P500 帳戶裡的錢連本帶利+$300,000 人壽保險理賠

這是唯一「**每個月存錢賺高利不付稅**的方法，也只有 IUL 才能做到賺錢、避稅、保障、活用及退休養老五合一！

↓ 給

你指定的受益人，受益人拿到這筆錢不付收入稅（Income Tax）
IRS. Sec. 101(a)(1)
但算入你的財產稅中

IUL 有最多和最少存錢方式，舉例：35 歲，男，不吸煙，身體健康，投保$300,000 死亡理賠，每年最多存入保單內如$4,000 最少存入保單內$1,500 從最多到最小由你決定，IUL 盡可能存入最多，因為那可以賺錢免稅，老的時候有很多免稅的錢，存入最少的錢到老的時候只有一個人壽保險而已！

IUL 可以成為你的財源！

用 IUL 人壽保險提早 14 年付清第二棟房子貸款

1. 1998 年，你買了一棟房子。你付頭款 2 萬，向銀行借 18 萬，年利 6%，30 年付清，你每個月付銀行$1080 元。

2. 這棟房子到 2006 年漲到 35 萬。漲價 15 萬，加上你的頭款 2 萬就是 17 萬。用這多出來的 17 萬向銀行借一個 12 萬元的 Equity Loan，30 年付清，年利 7%，每個月付銀行$840，2008 年用這 12 萬元 Equity Loan 做為頭款，再買一棟 19 萬元的房子。向銀行借 7 萬，年利 7%，每個月付銀行$500。這棟房子租給別人，每個月也可以收租金$1200。以後可以每年漲房租。

3. 就在借這 12 萬元 Equity Loan 的同時，你是四十歲的男人，買了一個 20 萬元的 IUL（optron B）假定利息平均回報 9.5%。你每個月存入保單內$400 保費，一年存$4,800。存 16 年共存保費$76,800。連本帶利所產生出來的 Cash Value 到 55 歲時是$113,170。

你向銀行借 12 萬元 Equity Loan，每個月還$500 也還了 16 年，你仍然欠銀行 9 萬元。因為前 15 年你付的幾乎全部都是利息，後 15 年才付本金。這時，你從保單裡借出 9 萬元付清銀行貸款。從此不欠。

然後把每個月該還銀行的$500 加上每個月$400 元保費還回人壽保險。只要 8 年半就還回保單內的錢。

$500+$400×12 個月×8.5 年=$91,800

一、提早 14 年還清 Equity Loan 12 萬元省 8 萬 4 千。公式計算：

$500×12 個月×14 年=$84,000

二、多一棟房子每月收租。

三、到 65 歲時，你人壽保險累積了 40～50 萬元的 Cash Value。這 40～50 萬元每年拿 1 或 2 萬元，可以連續拿幾十年做為退休養老金。

四、有 40 萬元以上免稅養老金。1997 稅法規定在同一棟房子裏住滿二年以上，賣這棟房子時，單身有 25 萬，夫妻 50 萬元不付稅，1998 年 20 萬買的房子，經過 30 年已經漲到 70 萬了。這時大把這房賣掉，70 萬全部免稅。搬到第二棟房子去住。

五、如果在這 30 年之內發生不幸，人壽保險公司賠的幾十萬元，由太太或子女付清一切費用。使家人生活不遭遽變。

房地產是「花」，人壽保險是「根」，有「花」有「根」才是一個完整的財務計劃。否則萬一「根」發生不幸，則所有的「花」立即凋謝。

2006 年漲到 $350,000

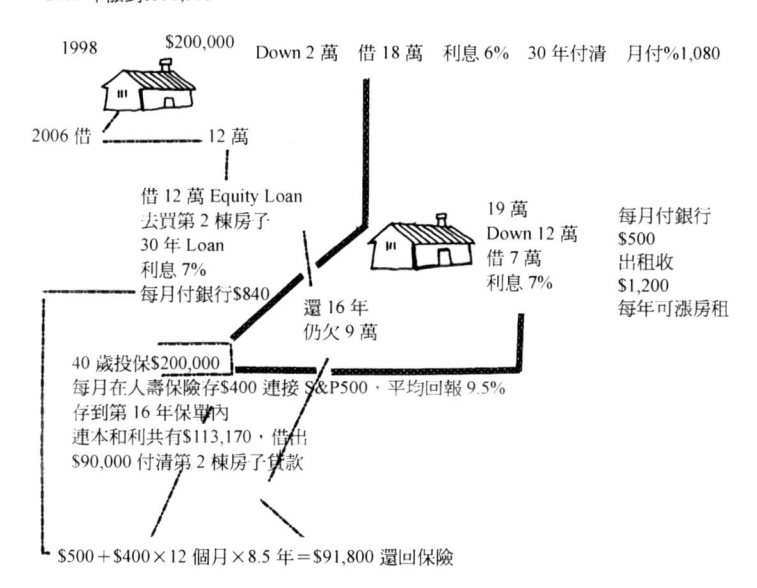

1998　　$200,000

Down 2 萬　借 18 萬　利息 6%　30 年付清　月付%1,080

2006 借 ———— 12 萬

借 12 萬 Equity Loan
去買第 2 棟房子
30 年 Loan
利息 7%
每月付銀行 $840

19 萬
Down 12 萬
借 7 萬
利息 7%

每月付銀行 $500
出租收 $1,200
每年可漲房租

還 16 年
仍欠 9 萬

40 歲投保 $200,000
每月在人壽保險存 $400 連接 S&P500，平均回報 9.5%
存到第 16 年保單內
連本和利共有 $113,170，借出
$90,000 付清第 2 棟房子貸款

$500 + $400 × 12 個月 × 8.5 年 = $91,800 還回保險

(一) 提早 14 年還清房子款省 8 萬以上
　　 $500 × 12 × 14 年 = $84,000
(二) 多一棟房子收租。
(三) 到 65 歲，你人壽保險裡有 40～50 萬免稅現金存款
(四) 有 40 萬以上免稅養老金
(五) 去世付清債務及遺產稅

人壽保險的各種用法

WHERE WILL YOU BE

According to a 1980 Study By The Department of Health, Education and Welfare, for every 100 people starting their careers, the following situation exists at age 65　根據美國聯邦健康、教育及福利部一九八〇年所做的統計報告，每一百個人裡，從他們開始工作賺錢到他們六十五歲時，有……

29人　are dead　死亡

> 我們每一個人都有30%的機會死得太早，死的早家人需要錢。

13人　have annual incomes under $3,500 (below poverty level)
年收入在$3,500元以下（低於貧窮標準以下）

> 也有70%的機會活的很長。活得長，自己和配偶都要錢。

55人　have annual incomes between $3,500 and $20,000. The median income for this group is $4,700　年收入在$3,500到$20,000元之間，在這一組人裡，平均收入是$4,700元。

3人　have annual incomes over $20,000 (financially successful)

It is a paradox that in the world's richest nation, millions of people live in poverty.
在此一世界上最富有的國家裡，竟有幾千萬人生活於貧困之中！！

THESE PEOPLE DIDN'T PLAN

TO FAIL...

THEY FAILED TO PLAN

這些人之所以生活於貧困之中，在於他們沒有計劃或他們做的都是失敗的計劃。

Source: U. S. Department of Health, Education and Welfare, Income and Resources of the Aged. January 1980.

> 要好好的為自己做好財務計劃！

用 Index Explorer Plus UL. 2012 這種五合一人壽保險為你的兒女從小建立穩固的財務基礎

從 2013 年 9 月 29 日到 10 月 6 日，一個星期內紐約華人區兩位中國小女孩一個三歲一個五歲被汽車撞死，如果這是我的女兒，在她出生零歲時，我就為她投保 5 合 1 的 Index Explorer Plus UL. 2012 人壽保險，這種人壽保險全美國 49 州都可以賣，只有紐約州不准賣。（紐約州可以賣 4 合 1 的 Index 壽險），此壽險的特性是付保費有彈性，如最少存入保單內$100，最多不可以超過$600，從最少到最多由你自己決定存錢多存，錢少少存，沒錢也可以不存。我存入女兒保單內的錢連接 S & P 500，股市跌了，投資人的本利不動，不會跌過零。股市漲上去，保險公司最高給你 12%。2000 到 2010 年這 10 年裡股市大跌 4 次，是美國失落的十年，S & P 500 平均回報是 6.4%。所以 Index Explorer Plus UL. 2012 這種壽險沒有風險，賺錢也沒有 1099 表，從保單內拿錢，根據稅法 7702（B）免付所得稅（Tax Free），是為兒女建立穩固的「生、老、病、死」財務基礎的好工具。**舉例：**

0 歲，女，投保$300000 死亡理賠，每月存入保單內$200，存到 65 歲，S & P 500 平均回報 8.0%（這 8%是以複利計算的，不保證！），一年存入保單內$2400，65 年本錢是$156000，你看看這種賺錢工具的威力！

生

假定 30 歲結婚，保單內的現金值有$148,503，可以借 80%作結婚的費用，從保單內借錢不付任何稅，也可以把保單內的現金值借出來作買房子的頭期款。

40 歲自己創業，銀行願意借給她 300 萬去做生意，如果她發生不幸過世，銀行不會去接收她的生意，所以銀行要她把她的人壽保險簽 Collateral Assignment 抵押給銀行，銀行成為第一受益人。萬一我女兒發生不幸早逝，保險公司把 300 萬死亡理賠給銀行，銀行扣除她已經還的錢，把多餘的錢給我女兒指定的受益人。

這時我女兒保單內有$348,426，死亡理賠是$1,585,337，只要體檢通過就可以把 30 萬死亡理賠提升到 300 萬，簽一份 Collateral Assignment 給銀行。

事情發生就發生了，我女兒 3 歲被汽車撞死，我可以拿到保險公司給的 30 萬理賠，把這 30 萬投一個最低的壽險，可以存入保單內最高的錢，13 年以後，我保單內滾出來的錢當我大女兒的大學學費以及我個人的老、病、死。

老

　　我女兒健康的成長，到她 66 歲，她每年從保單內拿出$140,768 完全免稅的錢拿到 120 歲。95 歲過世，她的受益人還可以拿到保險公司$2,954,765 的死亡理賠。

病

　　假定 65 歲那一年我女兒得了致命的重病如肝硬化，只有一年可活，憑醫院的證明，她可以從保單內先借出$2,585,145，剩下的錢 190 到 200 萬過世後付給受益人。

　　得的是慢性重病如心臟病，可以從保單內先借出$2,360,145，剩下的 200 萬過世後付給受益人。

　　需要 24 小時看護如中風、老人痴呆等可以從保單內先借出$2,585,145，剩下的錢 190 到 200 萬過世後付給受益人。

死

　　假定我女兒 40 歲那一年過世，她的受益人可以拿到保險公司$1,585,337 的理賠，用這筆錢付清房屋貸款，家人的生活不會因為我女兒的過世而立遭巨變。

　　今天講人壽保險最權威的一本書就是 Ben G. Baldwin 先生著作的《The New Life Insurance Investment Advisor》（最新人壽保險投資顧問），第一頁就說：「伊蘭的父親對她說『不要把人壽保險和投資混在一起……』」以前是對的，現在就不對了！現在的人壽保險是可以跟投資合在一起的！Index Explorer Plus UL. 2012 是新出來活著就用的投資，賺錢沒有 1099 表，從保單內拿錢符合稅法 7702（B）免稅，是只賺不賠的 5 合 1 人壽保險，年輕人可以把這種壽險當作賺錢及建立「老、病、死」財務基礎的工具。

付清房子貸款

假定你的房子$200,000買的,頭款$50,000向銀行借$150,000,30年付清,年利率8%,再加每年的房地稅及火險,平均每個月要付$1,200上下。

一旦你不幸去世,你的家人沒有辦法每個月付銀行的分期付款,銀行就會給一份違約通知(Notice Of Default),接下來就是銀行收回(Foreclosure)。拍賣房子的錢超過15萬,扣除一切費用,多餘的錢給你家人,沒有多餘的錢或只拍賣了15萬,你的家人一個錢都拿不到。

你的家人因為你的去世而生活立遭遽變。如果你的房子貸款是10萬元,你至少要有15萬元的人壽保險。房子貸款是15萬,應該有20萬元人壽保險。家人用人壽保險理賠付清房子貸款,隨便找個工作都可以生活。

別忘了,100人裡幾乎有3分之1的人活不到65歲!

**買了房子而沒有人壽保險,一旦去世,
你家人的生活會立遭遽變!**

1987年4月1日　　　　世界日報

羅隆昌醫生因車禍遇難

妻小頓失依靠生活無著

盼各界伸援手為其女兒籌教育基金

羅醫生並沒有人壽保險。羅太太說,「他那麼年輕,還有一大堆計劃未完成,從未想到買人壽保險。」

羅太太畢業於靜宜文理學院商學系,在佛州並沒有工作,家中也無積蓄,先生過世,家中生活馬上遭遇困難,據她的姐姐說,羅醫生送醫急救,還有千餘元帳單得付,使羅太太根本不知所措。

請仔細想一想:

房子、車子、妻子、兒子、銀子都是你創造出來的「花」。我們才是這些「花」的「根」。

常言說:「黃泉道上無老少。」我們每個人都有30%的機會太早走「黃泉道」,如果你這個「根」死了,唯一能代替你這個「根」讓「花」繼續開下去的就是人壽保險!

人壽保險是按照你的需要量身訂作的!

黃泉道上無老少，事情發生就是發生了！

2013 年 10 月 7 日星期一，世界日報 B1 大陸頭版新聞標題「跳水名將王克楠疑遭酒駕撞死」副標題「年僅 33 歲，今年初為人父，孩子來不及喊他一聲爸」

如果你是房地產經紀，賣一棟房子給王克楠先生後，您跟王先生這麼說：「通常買房子的人都認為這棟房子是他的。事實不是，這棟房子市價 50 萬，您付了 20% 頭款，向銀行借 80%，沒付清房子貸款之前，房子是銀行的。根據美國聯邦健康、教育和福利部的統計報告，每 100 人從他們賺錢開始到 65 歲，有 29 人到不了 65 歲，所以我們每個人都有 30% 的機會走的太早。因此我們必須了解：車子、房子、妻子、兒子、銀子都是我這個『根』創造出來的花，如果有一天我這個『根』忽然沒了，這些花因為沒有錢養，也就都凋謝了。唯一能代替我這個『根』使花繼續開的辦法就是人壽保險，用保險公司付的理賠先付清房子貸款，使家人的生活不會立刻遭到巨變，您是不是得投一個 45 萬到 50 萬的人壽保險？

除此之外，您更要知道，你們房子的產權（Title）是你們夫妻倆人的名字，任何人過世（先生），他的 50% 就自動轉到另一位配偶（太太），太太過世後，這棟房子就進入遺囑認證法庭（Probate Court），按你財產的市價付 5% 到 10% 的法庭費，這種費用包括律師費、行政費和執行費。在 9 個月之內要付現金，付不出現金就被強迫拍賣（Probate Sale），政府為了快拿到錢，所以用市價的 80% 賣。為了防政府，您得找律師為您立一個生前信託 Living Trust，有了生前信託就可以避過遺囑認證法庭用 5% 到 10% 的法庭費。

2014 年，每個人都有 534 萬免付聯邦遺產稅，加州沒有州的遺產稅，但是紐約州的遺產免稅額是 100 萬（新澤西州的遺產稅是 67 萬 5 千以上就得付州的遺產稅），最高付 16%。按照 72% 經濟學原理即 72 除以百分之幾等於你的錢多少錢增加一倍，通貨膨脹 4%，您的房子每 18 年增加一倍，到您 66 歲時這棟房子就是 200 萬，84 歲就是 400 萬，100 萬免付遺產稅，400 萬就有 300 萬要付 16% 的紐約州遺產稅即 48 萬，那時你人壽保險裡有很多錢了，用人壽保險的理賠付紐約州的遺產稅。」

你這個房地產經紀賣了一棟房子給王克楠先生賺到你應該賺的佣金，但是你用知識幫助王克楠先生保護他的房子和家人，再賣一份最新的 4 合 1 或 5 合 1 活著就用的 Index 人壽保險給他，賺 2 份錢。如果他明白這種利害關係也不買人壽保險，那就是他自己負擔 100%「根」沒了所有的「花」也都凋謝了的風險。至少你盡到房地產經紀用知識提醒你客戶如何保護他買的房子和如何避免家人的生活遭到巨變的義務。

假定王克楠先生 31 歲向你買房子，同時也向你買 50 萬最新的 Index 死亡給錢、致命重病給錢、24 小時看護給錢，都沒用到，最後成為他退休養老金的 4 合 1 人壽保險，這種 4 合 1 壽險可以在紐約賣，其他 49 州可以賣 Index Explorer Plus UL. 2012 5 合 1 壽險。

王克楠先生 33 歲被酒駕的人撞死,當你把保險公司賠的 50 萬支票送到王太太手裡時,你不只是一位房地產經紀,還是一位用知識幫他保護財產和家人生活不變的真正財務顧問。

房子，車子，妻子，兒子，銀子都是你創造出來的「花」，你才是這些「花」的「根」，沒有了「根」，所有的「花」就都「謝」了！尤其是買了房子的人必須得買人壽保險，不然就會這樣：

這短短的新聞中足以指明三件事：

1. 沒有醫藥和人壽保險，肯定是**悲劇**！
2. 美國社會絕沒有「一死百了」的說法，「稅」和「債」一定要還！
3. 為了省一點保費，將付出極為慘痛的代價！

星期三　JUNE 16 (WEDNESDAY) 1982　世界日報

華人店主遭匪槍殺
東華社捐助喪葬費

【本市訊】屋崙華人雜貨店遭匪打劫，東主華承志重傷喪生後，遺下妻華美玲及年幼子女二人，情況悲慘。華美玲原籍廣東南海，華承志為上海人，經東華社捐助墳場，並捐款治喪二千二百元，殯葬款由東華社康樂組捐贈，治喪費一千二百元由東華社社長及會員等合捐。華承志遺殺傷時送往醫院急救，因無保險，必需付醫藥費三萬多元。無法償付，醫院方面擾擠該雜貨店拍賣裝置藥費。華氏遺孀面臨困境，對東華社社長王生昌以及該社同人熱心助人，並為其亡夫料理喪葬，感激萬分。華承志保於五月廿五日遭殺害，六月一日不治逝世，六月六日在華生殯儀館舉行殮禮。

如果 華先生有好的醫藥保險，這三萬元醫藥費全部由保險公司承擔。華先生不付一分錢。

如果 華先生沒有參加醫藥保險，但是有5萬元儲蓄保險，遇上這樣的不幸就有5萬元賠償。3萬元付醫藥費，還有2萬和雜貨店。家人生活不變。

如今一無所有，家人生活立刻遭到遽變！

2011年11月4日
世界日報 B12版

死於車禍 賠償金須優先還債

記者王艾蕎
紐約報導

丈夫5月在車禍中去世，陳太太卻在9月29日接到紐約州遺產法庭寄出的掛號信，信上要求償付其丈夫在2001年1月21日至2011年2月10日期間花費的6萬2941.09元的聯邦醫療補助金（medicaid）。

面對高額賠償的陳太太不知所措，指丈夫並未留下房產或存款等任何遺產，目前到聯成公所求助。根據紐約州遺產法庭寄給陳太太的信件，紐約市福利局（Department of Social Services）為陳太太丈夫在生前曾經支付了6萬2941.09元的醫療補助金，現在要求償付遺產費用。

聯成公所顧問趙文笙表示，他從來沒有遇到過人死了後還被追討醫療補助金的事，但陳太太丈夫是在車禍中去世，其家屬也要求事故責任者支付一定的賠償金，因此紐約市福利局和遺產法庭判定，將來的賠償金是死者遺產的一部分，應該優先清償死者生前的債務，而家屬在拿到賠償金後將全額付清6萬2941.09元的醫療補助金。

趙文笙補充道，如果陳太太及其家屬獲得低於6萬2941.09元的賠償金，那麼所有賠償金將用來償付醫療補助金。如果超過6萬2941.09元的賠償金，則償還全部付清醫療補助金後餘下的部分才歸家屬所有。

當家人面對這種困境時，恐怕「恨」他不買人壽保險的心已經大過傷心了！

一點一滴的新聞拼湊在一起的時候就構成一幅「嚴重的警惕」，你應該知道從投資賺的錢裡或工作領的薪水裡拿出 10%到 20%養你 100%用的到的「老病死」產品。

2011 年 12 月 20 日星期二，
世界日報北加／外埠　B14 版：

華男罹癌失業 能否領社安金？

律師建議查看社安納稅積分　切除腫瘤後又長出新腫瘤　家族有肝癌病史 多年驗血均未發現

　　2011 年 12 月江先生 41 歲，如果他在 35 歲那年投保 Index UL.5 合 1 人壽保險，死亡理賠$500,000，每個月付$250，扣除保費後，多餘的錢連接 S&P 500，S&P 500 有時賺多，有時賺少，按每年平均回報率 7.5%計算，存到 65 歲以後不存了，這個保單可以保到他 120 歲。

　　41 歲得了肝癌，只有 6 個月的生命，他可以從保單裡先借出 50 萬死亡理賠的$233,000，剩下的$248,000 過世後付給他指定的受益人。

做生意向銀行借生意貸款，銀行要你用你的人壽保險做抵押

　　做生意你內行，所以銀行借錢給你做生意，每個月你從生意上賺到錢，按時連本帶利還銀行，一直到全部還完為止。

　　萬一你不幸去世了，銀行是不會接管你的生意的，因此，銀行要你把你的人壽保險保單簽一份抵押書（Collateral Assignment）抵押給銀行，第一順位受益人是銀行。萬一你去世，人壽保險公司死亡理賠付給銀行，銀行扣下你該付的借款及利息後，多的錢給你家人。

註：每家人壽保險公司的 Collateral Assignment 的格式不同。

合夥做生意，合夥人之間要互立
「買賣同意書 Buy & Sell Agreement」

你和我（或他或他們），我們倆個人（或 3 個或 5 個人）各出 5 萬元合夥做生意，3 年後生意發了，只是生意就值 100 萬，這時我突然去世，你有下列選擇：

1. 給我太太 50 萬元，你百分之百有這個生意經營權。
2. 我太太進來，她不懂生意，但意見很多，你只有忍受她，影響生意很大。
3. 我太太告到法院，請法官仲裁或天天跟你吵要你把我那 50%股的錢給她。

最好的辦法就是選擇 1。因此，你和我（或他或他們）在生意開始時互相簽下一份「買賣同意書」，你投的人壽保險受益人是我，我投的人壽保險受益人是你，死亡理賠要隨生意增加，我去世了，保險公司將我人壽保險 50 萬理賠付給你，你根據我們簽定的「買賣同意書」把這 50 萬元給我太太，買回我全部的股權，由你百分之百經營，如果你去世了，我把 50 萬人壽理賠給你太太買回你全部股權。

注意：Buy & Sell Agreement 要由律師來為股東寫。

不知保護錢財，老闆會變夥計

憑學識、技術或關係賺錢都是好事，但是缺乏「保護錢財」的知識或知道了也不做，有一天會變成很大的「壞事」！

張小姐和美國人安德孫先生合夥開公司，張小姐負責從中國買各種礦產，安德孫負責把礦產賣給美國的工廠。每年可賺淨利 200 萬。兩人都沒有找律師為他們立下「買賣同意書 Buy & Sell Agreement」，有一天賺錢的好事變成壞事！什麼是買賣同意書呢？

張小姐買 100 萬人壽保險，受益人是安德孫，安德孫先生買 100 萬人壽保險，受益人是張小姐，根據兩人簽約的買賣同意書，如果張小姐死了，安德孫拿到 100 多萬保險公司理賠，他就把這 100 多萬給張小姐的父母買回她的股權，反之亦同，這就是買賣同意書。

張小姐和安德孫先生二人沒有找律師立下買賣同意書會有什麼後果？1997 年安德孫先生去世，張小姐可以選擇：1.給安德孫太太 100 萬，買回他的股權，由張小姐百分之百經營這家公司。2.安德孫太太進到公司，她不懂生意，但意見很多，張小姐只有忍受她，對生意影響很大。3.安德孫太太告進法院。

不幸的是安德孫太太進到公司天天跟張小姐吵，要張小姐把她丈夫那 50%股權的錢給她。最後張小姐實在被吵煩了，把公司賣給最大的客戶，買方條件是張小姐最少要為新公司做 5 年。

張小姐有本事賺錢，對各種礦產也有專業知識，但是在「保護錢財」上無知，因而從老闆變夥計，壞事！

哈佛大學有一位校長說：「學費很貴，但你要為無知付出代價！」

用人壽保險付遺產稅

美國是「資本共產主義」，美國政府認為在你有生之年，你的錢是從社會中賺來的，死後要還給社會。還給社會的辦法就是抽遺產稅，遺產稅從 30%抽到 40%，用人壽保險的理賠來付清遺產稅。

活人用 1040 表格報稅，人去世，家人就接到國稅局 706 表格報稅

常言說：「黃泉道上無老少」。一旦撒手人間，人人都得塡這張表來算總賬！這才是真正的大債主；其它費用不算，只聯邦遺產稅 Federal Estate Tax 一項，就可以使任何人一生心血化爲烏有！

人壽保險就是用來付給他，而保住自己一生心血和家人生活用的。

資料由財產研究公司所提供
©1979 ESTATE RESEARCH CO.

投資·避稅·保護財產·

67

遺囑認證法庭與國稅局（IRS）對美國最有貢獻的總統也不會好一點！

羅斯福總統對美國這麼有貢獻，他去世後，國稅局照樣抽他的遺產稅！聯邦最高法院大法官、舊金山名律師等，這些學有專長又精通法律的人都逃不掉死後被抽重稅！

請看這些人！

他們不會對總統好一點！
...They Don't Treat Presidents Any Better!

羅斯福總統

FRANKLIN DELANO ROOSEVELT
PRESIDENT OF THE UNITED STATES, 1933-1945
HYDE PARK, NEW YORK

逝於1945年四月十二日
*Died April 12, 1945
清查其財產總值
GROSS ESTATE $1,940,999

TOTAL COSTS.... 574,867

付一切稅及法庭
費用後淨得財產
NET ESTATE... $1,366,132

去世後，處置其財產，逝者所該付之費用
SETTLEMENT COSTS
生前欠債
DEBTS .... $ 19,221
行政費用
ADMINISTRATION
　EXPENSE..... 35,022
律師費
ATTORNEY'S FEE ... 75,000
執行費
EXECUTOR'S FEE ... 99,494
州遺產稅
NEW YORK
　ESTATE TAX 48,480
聯邦財產稅多高！
FEDERAL ESTATE TAX 297,650
全部費用
TOTAL COSTS........ $574,867
全部財產被抽29%以上　要付現金

Debts Day Before Death
Debts Day After Death

Cash in estate, $197,543
Cash in Estate 是說財產中包括銀行支票、儲蓄存款、股票、國家公債等容易變成現金的全部都要付稅。

*If death occurred after 12/31/76 taxes might have been considerably higher. Although the Federal Estate Tax was somewhat reduced at that time, a new Capital Gains Tax was instituted.

Information compiled by: Estate Research Company,
P.O. Box 96, Aptos, Cal. 95003. 資料由財產研究公司所提供

舊金山名律師

ALBERT PICARD
Prominent Attorney
San Francisco, California

遺產稅和各有變費用要付現金。州政府六個月要付。聯邦政府要九個月付。拖得愈久，稅拿愈多。付不出現金，就得賣財產。在規定期內賣不掉，政府先拿錢！Court 就接手強迫拍賣、賣掉。

SETTLEMENT COSTS

Debts	$159,301
Admn. Expense	6,197
Attorney's Fee	19,999
Executor's Fee	19,999
Accountant's Fees	7,000
Calif. Inherit. Tax	64,025
*Fed. Estate Tax	210,216
請看聯邦遺產稅有多高！	
TOTAL COSTS	**$486,737**

Debts Day Before Death
Debts Day After Death

這些學有專長，精通法律和稅則的人都逃不掉，一般人能逃得了？！

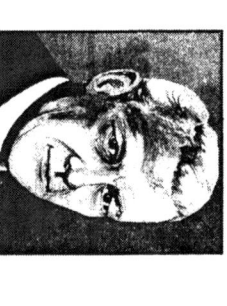

Gross Estate	$1,003,599
Total Costs	486,737
Net Estate	$ 516,862

Cash in Estate, $48,750

被抽48%以上

OVER 48% SHRINKAGE

© 1978 Estate Research Institute P.O. Box 706 Arvin, 93203

* No marital deduction.

遺囑檢定法官 Surrogate Court Judge Michael A. Telesca 說：「美國政府是最大的債主」；又說：「唯一能使未亡人把她丈夫一生財產再從美國政府手中買回去的辦法就是人壽保險！」

注意：

專為付遺產稅的人壽保險要請律師為投保人立一個「不可更改的人壽保險信託 Irrevocable Life Insurance Trust」。

代表美國政府判定逝者要付多少遺產稅的遺囑檢定法官說： ……唯一能使未亡人把她丈夫的財產從山姆叔叔手中再買回來的辦法就是「人壽保險」！
（全文中英對照）

ABOUT THE AUTHOR
Michael A. Telesca, surrogate court judge, Rochester, New York, received his A.B. degree from the University of Rochester in 1952 and his L.L.B. and J.D. from the University of Buffalo Law School in 1955. As a lawyer, he presented cases before the United States Court of Appeals, Second Circuit, the United States Supreme Court and the United States Tax Court. Judge Telesca has served as Surrogate Court Judge for Monroe County, New York since January, 1973. He is a member of several professional organizations, among them, the National College of Probate Judges, the Justinian Society of Jurists, and the Monroe County, New York State and American Bar Associations.

But who thinks to contact the average, successful American when he embarks on probably one of the largest most significant events of his life, namely when he goes into debt? It is very easy to go into business. It is just as easy to get into debt. The two go hand-in-hand.

A man's success is measured by the amount of money he can borrow. When he dies, his measures of success is now the amount his widow is able to repay. In addition to the lifetime creditors, the widow now has to do business with a new creditor. That new creditor who nobody really counted on, comes in ahead of everybody else. His name is Uncle Sam.

The corporate or partnership debt, personally guaranteed by the deceased, makes the widow and his family absolutely vulnerable to the forced sale of assets. Everybody knows that "a sale to settle an estate" means bargain prices. It is a terrible shock for the widow to discover that she has to buy back the estate from the taxing authorities after her husband has spent a lifetime paying taxes on earnings in every imaginable form.

Life insurance is the way a widow buys back the husband's estate from Uncle Sam! Permit me to give you an example. A testator who had been quite successful during his lifetime followed the advice of his banker and saw a lawyer to draw up his will. He was careful to point out that his estate was valued at approximately $850,000, two-thirds of which was

「這樣的事情不大可能發生在我身上」，這是我「希望」不要發生在我身上，一旦發生，那就是事實！

假定：

約翰·古斯和露絲·古斯夫妻二人的房地產、股票、生意和現金等的財產加起來是二千萬。

約翰·古斯當場死亡，他太太露絲·古斯隨後逝於醫院，在法律上來說「5 天之內夫妻相繼去世叫做同時死亡（Simultaneous）」，二個人每人減去 534 萬遺產稅的寬減額，多出來的 934 萬要付 40%的遺產稅，二人合計要付$3,736,000 遺產稅。

如果露絲·古斯五天以後，也許拖了一個月過世，那約翰·古斯的 50%即 1 千萬財產就轉到露絲·古斯身上，扣除 53.4 寬減額，他就要以 1,470 萬付遺產稅，那就是 40%上下，即$3,180,000 付遺產稅。

> **1996 年 8 月 28 日舊金山**
> **「世界日報」加州綜合版新聞**
> **男子酒後超速迎撞來車**
> **對方車上一家四口喪身**
>
> 「美聯社洛杉磯二十七日電」洛杉磯警方週二說，一輛跑車衝出道路，迎頭撞上反向行駛的一輛小汽車，當場撞死車內的四名家庭成員。警方發言人莫妮卡奎加諾說，有跡象顯示，駕駛保時捷的五十七歲的華成·伯比斯，出事前已喝過酒，目擊證人告訴調查人員，這輛保時捷九二八型車當時正超速行駛。
>
> 警方發言人艾度爾多·佛恩斯證實，四名死者是六十九歲的維斯契斯特人，約翰·古斯，他的妻子，六十六歲的露斯·古斯，她的姊姊，六十九歲的瑪麗·馬荷及她們的母親，九十三歲的住在賓州的佛羅倫斯·馬荷。
>
> 奎加諾說，三名受害人當場死亡，古斯的妻子隨後在洛杉磯大學醫療中心去世。伯比斯受傷嚴重，但情況穩定，他已被警方逮捕，只是還未入獄。
>
> 這場車禍發生在週一晚上八點十八分，位於普萊亞戴瑞區的傑佛遜大道和林肯大道的交口處，保時捷在林肯大道上北向行駛，古斯家乘的馬自達九二九型小汽車南向行駛。
>
> 據 KNBC-TV 電視台報導，保時捷跑車的車牌邊框上寫著：「請安全駕駛，不過我更喜歡飛車」。

問題是：

一、誰來付遺產稅？

二、他們有沒有「不可更改和撤銷的人壽保險信託」？

三、他們有沒有「生前信託計劃 Living Trust」？（中國人裡有二、三兩項的非常少見）

四、有沒有足夠的人壽保險？

如果答案是「沒有」，那結局已經很清楚了——用 706 表格，9 個月之內把錢付給山姆大叔！付不出來，山姆大叔以「國法」伺候！

說明：

我的家人因我車禍死亡而悲傷的時間比較短，我過世後，因「沒有遺囑、沒有生前信託、沒有人壽保險」而悲、煩、痛的時間會很長。

不可更改和撤消的人壽保險信託

美國是資本共產主義,活著的時候,錢財是從社會賺來的,死的時候把錢財還給社會。還回給社會有 2 種方法:一、用慈善捐款(C.R.T.)的方式還,中國人很難接受 C.R.T.;二、抽遺產稅。

唯一保住你一生錢財的方法就是「不可更改和撤消的人壽保險信託 Irrevocable Life Insurance Trust」----用保險公司付的死亡理賠付遺產稅。

稅法規定在你名下的財產你有處置權,這處置權就是 Incident Ownership,因此只要你死亡,你就得付遺產稅。

你投保的人壽保險,如果保單所有人(Owner)是你,那表示你可以從保單中借錢,也可以把保單賣給別人或是更改受益人,因此這個保單就是你的資財(Assets),你就是這個保單的 Incident Ownership。當你死亡的時候,你配偶或子女拿到人壽保險公司 10 萬、20 萬、50 萬……理賠都沒有收入稅(Income Tax),但是要算到你的財產稅上,因為你是這個保單的所有人,你對這個保單有處置權(Incident Owership),所以你要付遺產稅。假定你投保 100 萬的人壽死亡理賠保險,你說不定要付 55 萬的遺產稅!

你應該到律師那裡立一個「不可更改撤銷的人壽保險信託」,這種信託只能放入人壽保險一項,也就是你付保費,保你的命,但保單所有人不是你,一旦你不幸過世,保險公司賠的 1、2 百萬給你配偶或兒女,他們收到這 1、2 百萬既沒有收入稅也沒有財產稅更沒有遺產稅,是百分之百 Tax Free 的錢!這筆錢用來付遺產稅保住你一生心血。

如果你的人壽保險是用來「投資、避稅、想用就用,死了家人拿到理賠把房子付清或退休後從保單內拿錢養老」做這些用途的,你不能用「不可更改和撤銷的人壽保險信託」。這種「不可更改和撤銷的人壽保險信託」純粹是有錢人用來付遺產稅或留給子女大錢用的!

有一位哈佛大學的校長說:「學費很貴,但你要為無知付出代價。」同樣的「你買了一大堆房地產、股票、生意,但不知道保護,有那麼一天,國稅局會讓你的家人付出慘痛的代價!」

如何用最少的錢去付遺產稅

張先生、張太太做生意,有 6 棟房子,有股票,所有錢產加起來淨值 2000 萬元。如果他們在今年(2014)去世,有生前信託(Living Trust),他們每人有 534 萬元免付遺產稅,二人就是 1068 萬元免遺產稅,還有 934 萬元要付 40% 的遺產稅即 373 萬元,要在 9 個月之內付清。

張先生今年 53 歲,張太太 48 歲,用他們現在住的房子向銀行借 50 萬 Equity Loan,再去找律師立一個「不可更改的人壽保險信託 Irrevocable Life Insurance Trust」,然後再找王定和幫他們做一個夫妻 500 萬 2nd To Die 壽險,50 萬一次付清,這個保單可以保到他們 120 歲,夫妻中一人過世,保險公司一角不賠,第二人去世才賠,舉例:

張先生 80 歲那一年去世,保險公司一角不賠,張太太 90 歲那一年去世,保險公司把 500 萬壽險給他們的子女,子女收到這筆錢沒有收入稅,沒有財產稅,淨拿 500 萬,用這 500 萬去付他們的遺產稅足足有餘。

他們向銀行借的 50 萬 Equity Loan,每年付銀行的利息可以抵稅,萬一死亡,這 50 萬也不算在他們遺產稅裡。

要注意的是人壽保險買錯了也要付遺產稅的!如果張先生投 500 萬壽險,保單的 Owner 是張先生,受益人是張太太,在稅法上張先生對這份保單有處置權(Incident),他可以把錢存入保單,也可以從保單中借錢,甚至把保單賣給別人或向銀行抵押,因此當他今年死亡時,張太太收到 500 萬壽險理賠不付收入稅,但要算到張先生遺產稅上。

張先生設立一個「不可更改的人壽保險信託」是保張先生的命,保費由張先生付,但保單的 Owner 不是張先生,他沒有處置權,因此張先生今年過世,受益人拿到這保險公司付的 500 萬理賠,沒有收入稅,也不付財產稅,淨拿 500 萬去付遺產稅。記住:人壽保險買錯了就變成遺產稅火上加油!

要投人壽保險的人要看你的職業、錢財和願望是什麼才能決定那一種壽險對你最有「利」。因此,你要找的財務顧問幫你做最有「利」的財務安全規劃。

設立「不可更改及撤銷的人壽保險信託 Irrevocable Life Insurance Trust」把錢留給子女或付遺產稅

程先生 63 歲，程太太 61 歲，二人都退休了。有 4 棟房子，股票及退休金等加起來是 2000 萬。二人百年之後希望把一生克勤克儉賺的錢給一兒一女。

要達到把一生錢財給兒女的願望，你就必須儘快立生前信託（Living Trust）和買長期看護（Long Term Care）保險。這二樣好了，把你們現在住的房子賣掉可以賺 40 到 45 萬元，沒有稅（稅法規定在這棟房子裡住二年，賣時夫妻賺 50 萬以內免稅），再到另外一棟房子住二年再賣，最後留一棟自己住。

稅法規定你每年可以送給任何人 $14,000 元不付贈與稅，超過 $14,000 元要付贈與稅，你們的錢財是 2000 萬，按 3% 通貨膨脹，每年膨掉 60 萬元。把你們現在住的房子賣掉，夫妻賺 50 萬可以免付所得稅，再把夫妻每人每年送給兒女的 $14,000 元免付贈與稅的錢共 $56000 存入保單內，合買一個 500 萬或 800 萬的 No Lapse Guarantee 2nd to Die 的人壽保險，這是夫妻二人保一條命，一人死亡保險公司一毛不付，第二個人死亡才付死亡理賠，付 20 年，保費便宜。再把這 500 萬或 800 萬人壽保險放進「不可撤銷的人壽保險信託 Irrevocable Life Insurance Trust」。

假定程先生 85 歲過世，保險公司一毛不賠，程太太 95 歲過世，保險公司按程先生和程太太的願望把 500 萬或 800 萬分給兒子 250 萬或 400 萬，分給女兒 250 萬或 400 萬，兒女拿到這 500 萬或 800 萬都沒有收入稅，也沒有財產稅，是 100% 免稅的錢！用這錢付清程先生和程太太的遺產稅，所有的錢財都留給兒女。

除此之外，你們每年付的 5 萬或 3、4 萬元保費可以減低你們財產稅，因為錢送出去了。別忘了你們生前信託裡還有幾百萬遺產免稅額給你們的兒女。你們命好，因為沒有發生需要人 24 小時看護的事，也沒有發生死亡的事，這二件「事」不論發生那一件，你們一生克勤克儉所累積的財富不是大幅縮水就是化為烏有。你們儘快立好生前信託，買長期看護(Long Term Care)保險，再立「不可更改的人壽保險信託」，你們這樣做才能達成你們把一生心血累積的錢給你們兒女的願望。

關於此一信託的詳情，請向您的律師諮詢

人在美國就照美國人訂的遊戲規則玩，不會有麻煩！

英文說：「When at Roma, you must do as the Roman's do.（身在羅馬，你必須照羅馬人做的去做）」，你身在羅馬，必照中國人做的去做，結果就是第二十五屆哈佛大學校長 Derek Curtis Bok 說的「學費很貴，但是你得為無知付出代價」，因而會使你的家人很痛苦。

中國是一黨專政的共產主義，在中國你花三千萬買棟樓，這棟樓就是你的，也許有一天政策一變，這棟樓就成共產黨的了。美國是資本共產主義，有生之年，你只要簽名付錢，要房子有房子，要車有車，要什麼有什麼，只要撒手人間，你的錢是從社會賺來的，死了還回給社會。有兩種還法，一種是用 C.R.T. 自己還，在稅法上有好處，比爾蓋茲跟股神巴非特都用這種還法；自己不還就抽遺產稅，從 30% 抽到 40%。

您花 3,050 萬美元買了一棟大樓，可以出租、收租金，缺錢可以用這棟樓去向銀行貸款，當然也可以賣掉。對這棟樓您有處置權，稅法上叫做 Incident Ownership。產權（Title）只有你一個人的名字，一旦過世就得進遺囑認證法庭（Probate Court）。先付法庭費（因為財產大，所以只要付 2% 或 3%），再來遺囑認證法官（Surrogate Court Judge）根據你 706 表格報的財產扣除 525 萬聯邦遺產免稅額（夫妻有 1050 萬免稅額），會命令你的家人付 2,480 萬的 40% 遺產稅（Inheritance Tax），即 992 萬。這 992 萬要在九個月內付清。除此之外，紐約州得付州的遺產稅，減 100 萬，還有 2,950 萬付 16% 即 480 萬。您的房地產經紀有告訴你設立生前信託 Living Trust 避過遺囑認證法庭和不可撤銷的人壽保險信託（Irrevocable Life Insurance Trust 簡稱 ILIT），用人壽保險死亡理賠付清遺產稅來保護你的大樓嗎？如果答案是「沒有」，結果是：

你活著的時候既不知道設立生前信託 Living Trust，也不投人壽保險，現在你的家人要面對的是你一生中最大的債主—美國政府，付 2% 到 3% 的遺囑認證法庭費及遺產稅，你的家人沒有辦法在九個月內付出 2% 到 3% 的法庭費和 992 萬遺產稅給政府，你的大樓得自己賣，賣不掉會被美國政府強迫拍賣（Probate Sale）。

你向保險經紀買了一千萬死亡理賠人壽保險，你付保費，保單的所有人（owner）是你，受益人是你太太，這是說你可以從保單內借錢，有人願意買你的保單，你也可以賣給他，你對這個保單有處置權（Incident Ownership），因此當你過世後，你的太太拿到這保險公司理賠的 1000 萬沒有收入稅，但是因為你對保單有處置權，所以要算到你的遺產稅上。這一千萬要付四百萬的聯邦遺產稅，加州沒有州的遺產稅，但是紐約州有最高 16% 的遺產稅，你再付 160 萬紐約州的遺產稅，投一千萬人壽保險付 560 萬遺產稅，這是你要的人壽保險嗎？

你買這麼大的人壽保險之前得找律師把「不可撤銷的人壽保險信託 ILIT」立好，這個信託只能放人壽保險一項，保你的命，你付保單，保單的所有人（owner）是這個信託，你對這個保單沒有處置權，因此你過世後，你太太拿到這保險公司理賠的一千萬暨沒有收入稅也沒有其他的稅，用這 1000 萬付清你該付的法庭費和遺產稅。

這種防護自己財產的方法是猶太人發明出來的。猶太人可以用這種方法把財產和錢留給兒女，中國人不知道，等兒女面對你所留下的爛攤了的時候已經太遲了。

只有一種最新的二合一 Index 人壽保險放進不可撤銷的人壽保險信託，萬一需要 24 小時看護，每月可以從保單內拿死亡理賠的 0.5% 到 2% 給有執照的看護人員。如需 24 小時看護，也可以在美國之外的國家如台灣、中國大陸和香港用。當然你也可以不要任何附帶好處，只要人死保證付死亡理賠一千萬也行，這種人壽保險英文是「No Lapse Guarantee」，很多家保險公司賣這種壽險。是知識保護你的一生心血，常識不行。身在羅馬，必照中國人做的去做，會讓家人很慘！

父母過世後留給你三千萬，別高興的太早！

你父母沒有做事先防備的工作，美國政府和國稅局先拿，拿夠了，剩下的才是你的。你拿到手的是 3 千萬的 40％以下，聽好：

你父母財產的產權用的是 Joint Tenant，那是說你父親過世，產權就轉給你母親（母親過世，產權就轉給父親），母親過世後，所有的財產就進遺囑認證法庭（Probate Court），照三千萬的 2％即 60 萬付法庭行政費、律師費和執行費。判你父母要付多少遺產稅的 Surrogate Court 法官，判他們付兩千萬的 40％遺產稅，也就是八百萬，九個月內要付清。你拿不出這麼多錢付法庭費和遺產稅，你父母所有的財產就會被政府強制拍賣（Probate Sale），政府為了先拿到錢，Probate Sale 通常比市價低 20％，剩下的才是你的，這不是你要的！因此：

你得幫助你父母找專業律師幫他們設立生前信託（Living Trust），生前信託不會死，所以你父母的財產在過世後可以避過遺囑認證法庭，省了 60 萬！

因為生前信託使美國政府拿不到錢，所以會在信託「雞蛋裡挑骨頭」，一定得找專做生前信託的律師，要做生前信託，請先打電話找我 626-353-0196、紐約 917-566-8879。

法官判你父母付八百萬遺產稅，你拿得出八百萬嗎？你要幫你父母設立「不可撤銷的人壽保險信託 Irrevocabale Life Insurance Trust，簡稱 ILIT」。聽好，稅法規定凡是在你名下，你有處置權（Iccident Ownership）的財產，在你過世後就得付遺產稅。假定你父親 55 歲，投保兩千萬人壽保險而沒設立 ILIT，保單的 Owner 是你父親，受益人是你母親，這表示你父親可以把錢存入保單內，也可以從保單內借錢，有人願意買你父親的保單，他也可以賣給別人，他對保單有處置權，當他過世，你母親從保險公司拿到兩千萬沒有收入稅（Income Tax），但要算到你父親的遺產稅。投兩千萬壽險得付八百萬遺產稅，這不是你父母要的人壽保險吧？打電話找我，626-353-0196、紐約 917-566-8879，請我們公司的律師幫你父親設好 ILIT，然後再把兩千萬人壽保險放進 ILIT，保你父親的命，你父親付保費。但是保單的所有人（Owner）是這個 ILIT，你父親過世後，他的受益人拿到這保險公司付的兩千萬什麼稅都不用付。用這兩千萬付清八百萬遺產稅，你父母所有的三千萬都是你的！

舉例：

假定你父親今年 55 歲，不吸煙，請我們公司律師把 ILIT 設好，再找王定和投 100 萬壽險，每年存入保單內$20,181，到 70 歲不再存了，這個保單到 120 歲都有效。15 年存入保單內$302,715，如果 95 歲那一年過世，你拿到 700 萬或 700 萬以上，就拿這筆錢付清你父母的遺產稅。（父母也可以一起保，這是 2nd to Die，死一個保險公司不賠，第二個過世才理賠，保費低）。

在你的財務計畫裡，沒有人能為你作全部。我專門為你設立老、病、死，防火牆和處理錢的財務顧問。

防老：IRA.、SEP.IRA.、Simple IRA.、401（K）、EIA.等，可以使你的小錢變大錢。

防病 24 小時看護：有一家保險公司 M.G.的產品，在你需要 24 小時看護時，依年齡每月給你 8、7、6、5……千元，給 6 年。

防死：在美國只要你簽字給錢，房子、大樓就是你的了。只要一死就麻煩了！各種人壽保險符合你的需要：2 合 1 壽險、3 合 1 壽險、5 合 1 壽險，人壽保險得量身訂作。

需要防老、病、死的產品或有錢要怎麼投資賺錢，請電 LA 626-353-0196、NY 917-566-8879。

中國父母有 2000 萬
分給兩個兒子

↓　　　　　↓

大兒子 1000 萬　　小兒子 1000 萬

中國父母不知道立生前信託，夫妻過世後所有的財產進 Probate Court，付 2%～3% 的法庭費後，減去 1068 萬聯邦遺產稅，另外的一千萬得付 40%聯邦遺產稅，即 400 萬。

加州沒有州的遺產稅，紐約州錢財超過一百萬就得付紐約州的遺產稅，5%～16%。

中國父母不做不可撤銷的人壽保險信託也不買人壽保險或買的人壽保險自己是 Owner，因而付遺產稅，大兒子和小兒子大約只能拿到父母留給他們一千萬的 30%-40%。

中國人說：「富不過三代」，是因為無知！

猶太父母有 2000 萬
分給兩個兒子

用五百萬買　　　　　自己還有

2000 萬壽險，過世後　　　1500 萬用

↓　　　　　↓

大兒子 1000 萬　　小兒子 1000 萬

猶太父母知道用生前信託避過 Probate Court 和用不可撤銷的人壽保險信託裡人壽保險死亡理賠付清遺產稅，大小兩個兒子各拿 1,000 萬。

自己還有 1,500 萬享受人生！最後都留給兩個兒子。

猶太人代代富有，因為他們「懂」！

美國遺產稅簡介

陸博仁會計師簡歷：
1. 國立中興大學法商學院商學士
2. 美國威斯康辛大學麥迪生本校企業管理碩士，主修會計及國際貿易。
3. 美國加州及紐約州多州註冊會計師（CPA）。
4. 美國國家會計師協會管理會計師（CMA）。
5. 多年美國會計查帳經驗。
6. 目前為陸博仁會計師事務所負責人。

我們中國人通常視為財產是自己努力收入在檯面上所得稅以後，再辛苦累積下來的，並不是從天上掉下來的，因此之故，自己對於財產之支配應有完全的控制權，不容許他人有干涉的餘地。

我們的這種觀念，在以前的農業社會為十世紀中似乎行得過，但是把它拿到現在我們身處的二十世紀美國社會時，就遇到許多問題了。

根據美國的法律，個人財產的移轉，不論是生前的贈予，或是死後的遺產，都要繳稅的，這個繳稅的範圍，不僅及於美國公民及居民而

已，所有有財產在美國本土的外國人也要繳稅的。不但如此，稅法又規定，繳納稅金的人，不是接受遺產或贈予的人，而是你這位埋在六呎土下的人。遺囑規定，公平不公平，由著由人家去評斷了。

然然故事原大，我們謀款對有關遺產稅的流程有基本的瞭解，避免可能的麻煩與損款。

萬五千、廿七萬五千、卅三萬五千、四十萬、五十萬、廿七萬五千、及六十萬元。
遺產價額的多寡，是一門大學問，由於政府對死者的體諒，所以有所謂准許遺囑管理人，以死亡日，或者死亡後六個月為準，來衡量遺產的價值。遺產在死亡六個月之後，擇一為之。

根據稅法的規定
遺產基本上包括死者的死亡時所擁有之所有的財產及應扣的負擔，有所謂的遺囑管理人，有申報及繳稅的義務。這個最低點雖年年不同，但必須作死者申報遺產稅的。這個起徵點依次為十七萬五千元，而廿一九八二年到一九八七年時則為十七萬五千元。

當我們知道了遺產應繳之稅，我們應進一步知道遺產被課的遺產稅有多少，在計算此項金額時，我們可以從遺產總額扣除下列的費用，依法免扣除如下：
- 遺囑管理和死者喪葬費用。
- 死者欠下的負債。
- 由死者遺留財產所抵押的負債。
- 災難及竊盜損失。

遺產稅減除額：
如果我們計算出了應扣除遺產稅額以後，我們即可以進一步計算出應扣遺產稅額，美國明令的最高稅率，由一九八一年起，每年減少百分之一，而美國明令的最高稅率，由一九八一年起，每年減少百分之五，由一九八一年的百分之七十一降到一九八五年的百分之五十為止。

如果我們要計算淨稅額的話，必須從以上初步計算出的稅額中，扣掉下列五項法律所允許的金額：(1)聯合財產稅額；(2)州外死亡稅；(3)聯合財產稅額（聯合財產稅額）；(4)聯合財產稅額。
遺產稅的金額由一九八五年的六萬二千八百元，逐年增加到一九八二年以後的十九萬二千八百元，遞年均可能獲得美國政府聯合贈與和遺產的處理。

遺產稅於此中輟，等於死了的時候九個月以內付清。在遺過五項扣除額後，要到聯合財產稅減除。

總的來說，遺產稅是很複雜的一門學問，特別人除非受過有關稅法的專門訓練，否則難確實負自己信任的會計師，代為申報，如果發生稅繁，讀者如有任何問題，時可打電話，以聯絡（二一二）二六一七四九與陸博仁會計聯絡。

原載《世界日報》

家族企業容易創造佳績 却往往發生「繼承」問題

家庭各份子的背儀性和共同努力，往往使家族經營不景氣時期，也曾有良好的業績，像由菲律普斯（PHILLIPS）家族在巴爾鐵摩經營的菲律普斯海港餐館，去年營業額達一千四百廿萬元，較一九八一年增加百分之十。目前這家由家族經營的連鎖餐館，除巴爾鐵摩外，在馬利蘭州的海洋城有三家分店，而在維吉尼亞州的諾福克，則剛開了另一家的分店。

不過家族經營的公司行號，也不是完全沒有問題，其中第一大問題就是繼承的憂慮。

根據統計，家族公司中只有三分之一能生存到第二代，其原因不外是創業者因爲太忙而沒有交棒下一代的計劃，就是對年青的子女缺乏信心。

家族公司一般講，都是把事業傳給兒子，但也不一定完全如此。全美國黑人經營的第二大企業——芝加哥的約翰·江森出版公司，其董事長兼總裁江森，就準備把衣鉢傳給廿四歲的女兒琳達。目前琳達是公司的副總裁，但江森預期五

年後就可把日常業務全部交其女管理。

另外也有許多家族公司，為了公司的生存而又缺乏繼承的經營者，便折衷由家族成員控制董事會，而另外聘請專家來担任經營與管理工作。例如在達拉斯的連諾斯（LENNOX）工業公司，目前是由創始人的孫子約翰·諾利斯担任總裁，但他表示，這個每年營業額達六億元的空調工程公司的最高管理職位，恐怕將要由諾利斯家族以外的人來接替了。

家族公司生存受到威脅的第二項問題，是稅務的問題。許多工商界熟悉的事例，是一家公司因創辦人死亡，所帶來的大筆遺產稅，不得不出售公司股份來繳稅。例如著名的顧爾斯（COORS）啤酒廠，當艾多夫·顧爾斯於一九六九年去世，其夫人於次年接着近世後，其子女就不得不以舉債來繳付遺產稅。

由於遺產稅往往使家族企業無法繼續經營，因此丹佛一家製造建築機具公司的創辦人裴爾蘇先生，在他去世前就預作了安排。他以公司爲受益人購買了鉅額人壽保險，同時將其名下的公司股票成立一個信託基金會，當他去世後，以人壽保險金購回基金會的全部股票，裴爾蘇先生覺可算是爲後事計劃得能過許險金去繳遺產稅。而基金會則以這筆壽

（下）（原載美國新聞與世界報導）

自己學學！

69歲、女、身體不是很好，丈夫過世，你做生前信託 Living Trust 和不可撤銷的人壽保險信託 Irrevocable Life Insurance Trust（ILIT.）後，你找人壽保險經紀（Agent）投保人壽保險，這位經紀用自訂終生壽險（Custom Whole Life），每年付 15 萬，五年付清，投保一百萬放進你的 ILIT.。

立不可撤銷的人壽保險信託 ILIT.的目的就是要受益人用你人壽保險理賠去付遺產稅或留給子女用的一種信託。保你的命，你付保費。但是保單的所有人（owner）不是你，是這個信託，你把錢放進保單內，不論產生多少現金值（Cash Value），你都不能用！如果你懂，你可以用 No Lapse Guarantee，這種人壽保險沒有現金值，只要死亡就付死亡理賠，與有現金值的 Whole Life 尤其是 Custom Whole Life 自訂終生壽險同樣的錢，你可以買到 183 萬壽險，加上 24 小時看護（Long Term Care Rider 附帶條件），你可以買到 163 萬壽險，吃飯、穿衣、走路、入廁、洗澡和反應這六項裡有兩項不能自理，你需要 24 小時看護，這 163 萬是 $1.00 對 $1.00，即有 163 萬壽險，就有 163 萬看護錢。每月從保單內拿 0.5%到 2%的費用作為長期看護費用，拿了 53 萬人過世了，你的受益人還可以拿 110 萬。24 小時看護的錢可以在台灣、中國、香港或任何美國以外的國家用，**這是目前唯一可以在 ILIT.裡用的 2 合 1 人壽保險。**

用有現金值的 Whole Life 和 Custom Whole Life 自訂終生壽險放進「不可撤銷的人壽保險信託」裡是絕對的錯誤。

用 1035 轉換表把 Custom Whole Life 裡的 35 萬轉到 2 合 1 的 No Lapse Guarantee，72 歲可以買 115 萬人壽保險外加 24 小時看護（Long Term Care），每年存入保單內 $42,000，付 7 年，減輕你一年得付 15 萬的壓力，沒有增加你一分負擔。

陳太太：

「ILIT.是贈與，你兒子女兒和孫子三年前（2011）每人每年只能送給你 $12000，2012 是 $13000，2014 是 $14000 免贈與稅。2011 年你的 ILIT.內只能放入 $36000，2012 年放入 $39000，2013 年放入 $42000，你的保險經紀教你一年存入保單內 15 萬，這多出免贈與稅的錢一旦被國稅局查到，你得補贈與稅，補付欠稅的利息和罰款。你過世後國稅局很可能不承認你立的這個 ILIT.，而把 160 萬人壽保險算到你的遺產稅上！」

你把 Custom Whole Life 轉到 No Lapse Guarantee 壽險，馬上作 709 表向國稅局報備，**檢查你「不可撤銷的人壽保險信託 ILIT.」內的人壽保險，如果是 Whole Life 或 Custom Whole Life，越快轉成 No Lapse Guarantee 對你越有利**，請電 626-353-0196 或 917-566-8879。

知識可以使小錢變大錢，無知會使大錢變小錢！

「身在羅馬，必照羅馬人做的去做」的人可以把小錢變大錢，大錢變更大，因為他們賺錢付稅。但是「身在羅馬，必照中國人做的去做」的人會把大錢變成小錢，因為他們逃稅藏現金！

現金的本身跟什麼都不搭嘎，所以只會貶值，連銀行的一點利息都沒有。如果通貨膨脹3%，你1990年藏的$1.00現金，現在2013年只有1990年$0.34的購買力，到2020年就只有1990年$0.10的購買力。鈔票必須與房地產、股票、S&P 500、黃金等結合才能賺錢或賠錢。跟猶太人學學：

猶太人做生意賺一千用一千報稅，甚至用一千二報稅，這種報稅有下列好處：

1. 賣生意的時候，拿得出賺錢的證據，各國人都可以來買，市場大，生意的價錢還可以賣高。
2. 生意要擴大向銀行借錢時，因為拿得出賺錢報稅的證據，銀行知道他借錢還得起，所以把錢借給他讓他擴大他的生意。
3. 他買自己住的房子，銀行一定貸款給他。
4. 車禍受傷，他的律師要錯誤的一方賠償他客戶的損失，因為他付稅，是有用的人。

他付過稅以後的錢可以光明正大的投資。猶太人尤其會運用人壽保險為後代建立厚實的經濟基礎，他們可以把小錢變成大錢，把大錢變得更大，這是身在羅馬，必照羅馬人做的去做。

天縱英明的人賺一千用兩百報稅，甚至報虧本逃稅藏現金，他一定會有天縱英明的後遺症：

1. 賣生意的時候，拿不出賺錢的證據，只能賣給中國人。願意買的人還得在店裡看一個月，市場小，價錢也不高。
2. 生意做不大。因為需要錢擴大生意的時候，沒有賺錢的證據向銀行借錢，銀行不會把錢借給一個不賺錢的生意人。
3. 買自己住的房子的時候得做很多「假」，這種「假」往往被國稅局逮到小辮子。
4. 車禍受傷，對方的律師對你說：「你的生意根本不賺錢，關了還好一點，賠你什麼？」啞巴吃黃蓮，有苦說不出。

逃稅藏現金的人，那些現金都是見不得光的錢。尤其是恐怖份子駕飛機直接撞進紐約世貿大樓的911事件，導致世貿大樓倒塌。自此之後，美國一連串的措施把現金管道堵死，藏起來的現金越變越小。

如果你完全不懂投資，有一種不要管就能賺錢的傻瓜投資法供你參考：

你今年 35 歲、男、不吸煙、身體健康，每年付過稅後的$10,000 存入最新的 4 合 1（紐約州可以賣）或 IndexExplorer Plus UL. 2012 5 合 1（除紐約州不准賣，其餘 49 州都可以賣）活著就用的 Index 人壽保險，投$310,000 死亡理賠，S&P 500 平均回報 7.8%，你有這樣的好處：

1. 你的錢連接 S&P 500，股市跌，你的錢不會跌過 0%；股市漲，最多給你 12%，1957 到 2007 這 50 年 S&P 500 平均回報是 11.71%，1990 到 2010 這 20 年裡 S&P 500 平均回報是 8.58%，2000 到 2010 這十年是美國失落的 10 年，股市 10 年裡大跌 4 次,這種 0%保本利的 S&P 500 平均依然有 6.4%的回報。這種最新的 Index 人壽保險只賺不賠，賺錢沒有 1099 表，從保單內借錢按稅法 7702（B）沒有所得稅。

2. 存 30 年到 65 歲，本錢存了$300,000，你保單內有$955,254。如果有急用，借出來 50 萬沒有稅的問題，沒有借，這時候過世，你指定的受益人可以拿到你的死亡理賠$1,757,667；沒有過世，從 66 歲起，每年拿$56,879 沒有稅的退休金，一直拿到 120 歲。到 96 歲過世，30 年你拿了$1,706,370，過世後，你指定的受益人還可以拿到$1,014,128 的死亡理賠。

3. 假定你 65 歲得了致命重病（Terminal Illness）如肝硬化還有一年生命，你可以從保單內先借出$1,205,254，剩下的 50 萬過世後再付給受益人。得了慢性重病（Specified Medical Condition）如心臟病可以從保單內先借出$980,254，死亡後再付 70 萬給受益人……需要 24 小時看護（Chronicle Illness）如中風、老人痴呆等可以從保單內先借出$1,205,413，死亡後再付 50 萬給受益人。

你的錢光明正大的投資，避稅，保護財產，越滾越大！為什麼要藏現金，越來越小？

警方懷疑來源不明
華商倉庫藏10餘萬現金 遭沒收

【紐約訊】有些華人偏好把現金放在身邊，不存入銀行，自己卻拿政府福利，報稅又少。紐約警方目前在華人商家劉先生的倉庫意外發現10多萬元現金，因為懷疑現金的來源不明，這筆現金目前已經被警方沒收，劉先生須出庭應訴才有機會拿回。

在曼哈坦華埠開禮品店的劉先生表示，幾天前警察到店裡查看銷售的玩具公仔是否存在商標侵權的情況時，在他存放貨物的倉庫意外發現了10多萬元現金，警方當場將現金收繳，並通知劉先生上庭解釋現金的來源。劉先生表示，這些是他多年的積蓄，因為不習慣存到銀行去，積蓄都是用現金的方式放在身邊，沒想到「現在一下就全部被沒收了」!

法律人士表示，很多華人把現金放在身邊，但如果被警方查到，有理由懷疑巨額現金的來源，尤其是有些華人報稅的時候收入很低，而且領取糧食券、救濟金、住政府樓，比如每年只報2萬元的收入，卻有10多萬元的現金在身邊，政府就會懷疑這筆現金來源不當，因此這筆現金可能會被沒收。除非是當事人能解釋清楚這筆現金的來源，才能拿回錢款。

這絕對不是聰明的作法，付稅，把付過稅後的錢拿去投資或存入 IUL.壽險裡才是聰明的作法。

多付$1.0 的稅就有向銀行借$17.0 的 Credit。付$10,000 稅就可以向銀行借$170,000 的 Credit。借了這 17 萬，賺 20％到 40％，付銀行 8％的利息，想想吧。

外國人可以在美國買人壽保險嗎？

凡是來過美國，在美國有資產和親人，或是既無資產也沒親人，從來就沒來過美國的人，只要能用有效證明如護照，身分證等證明自己就是投保人的人就可以在美國買人壽保險。美國有 7 家保險公司賣人壽保險給外國人。按照投保人的意願選擇保險公司和符合投保人意願的產品。

外國人在美國買房地產，一旦過世，不分聯邦和州，一律只能有六萬元免遺產稅。所以人壽保險對既沒有綠卡也不是公民的外國人在美國買房地產的人太重要了！

美國的保險公司倒閉了怎麼辦？

對於你要投保的這家保險公司，你可以上網查看專門評定這家保險公司財務狀況好壞的權威機構 AM BEST, STANDARD & POOR 對這家保險公司的評定是 A+或 A—，還是 AA+或 AA—只要是被權威機構評定為 A 的保險公司都是好公司。

保險公司經營不善就會被大保險公司買過去，如 1985 年 6 月 10 日 FORTUNES 500 舉出美國 50 家大保險公司，排名第 32 的 State Mutual of America 保險公司，後來經營不善賣給 Commonwealth 保險公司，你就成為 Commonwealth 保險公司的投保人，一切不變！

《最新人壽保險投資顧問》第一章（Chapter 1）第一頁就告訴大家美國保險協會（Insurance Commissioner）會收回經營不善也沒有別家保險公司要買的保險公司，不會損害到投保人的利益。

1906 年舊金山大地震死了不少人，從那時到現在，沒有一家保險公司倒閉！

美國的保費貴嗎？

香港的保費大約是美國的 2 倍，台灣的保費大約是美國的 3 倍，中國的保費大約是美國的 5 倍。外國人買美國人壽保險的保單，其所有權益與美國人一樣。

投保舉例：

45 歲，男，不吸煙，身體健康，台灣人，每年付美金折合台幣 100 萬，一共付 10 年，死亡理賠付美金折合台幣 1 億。

40 歲，男，不吸煙，身體健康，中國人，每年付美金$60,000，投保死亡理賠$3,000,000 到 120 歲，一共付 10 年，S&P 500 平均回報 8 5%，至 61 歲，每年拿$111,141 沒有稅的退休金，拿到 120 歲。如果 95 歲那年過世，他已經拿了$3,289,935，死亡理賠還拿$1,964,852。（吸煙每年付$85,000）

如果認為付 10 年時間太長，付 5 年就每年付$120,000，到 61 歲，每年拿$120,000，

如果 95 歲去世，已經拿了 $3,600,000，還有死亡理賠 607 萬給指定的受益人。

一次付 $ 527,375 到 61 歲，每年拿$120,000，如果 95 歲過世，他已經拿了$3,670,000，還有死亡理賠 846 萬。

這種情況會隨著各種不同情況的發生而有改變，不會是一成不變。只要你投保定案，保單也發下來了，以後不論怎麼變，你的人壽保險不會變。

注意：

沒有身份的外國人在美國買房地產，一旦過世，只有六萬元免遺產稅。要付房地產總值 30% 到 40% 的遺產稅，用這種外國人買的人壽保險付清遺產稅。

LA 電 626-353-0196

NY 電 917-566-8879

最少要投保 100 萬

銀行有 FDIC 做保證,人壽保險公司倒了,有誰做保證?

FDIC 也是一家保險公司,與政府無關。人壽保險公司本身就是保險公司。保險公司從收來的保費中提出 15%到 20%做為儲備金(Reserve),一旦有投保人死亡就從儲備金中賠償。

然後再把大家的保費投資在國家或州郡和市政府公債(Bonds)、穩定股票(Blue Chip Stocks)、房地產等,這種投資稱之為 Portfolio。隨時可變為現金。

如果大災難發生,人壽保險公司對投保的死難者一定賠現金。先以儲備金賠,儲備金不夠賠要以公債換現金賠,還不夠賠就把穩定股票換成現金賠。

美國有一千七百三十家保險公司。大人壽保險公司歷年來的儲備金就不得了。萬一大災難發生,死了五萬人吧!這五萬人裏有多少是沒有人壽保險的呢?剩下來有人壽保險的也不是只集中在一家。美國前五十名大保險公司只儲備金就夠賠了。

人壽保險公司經營不好就會被別的保險公司買過去,你就成為那家保險公司的投保人。如你投保 State Mutual of America(簡稱 SMA)因為經營不善而賣給 Commonwealth,你就成為 Commonwealth 的投保人,一切不變。美國沒有保險公司徹底倒閉的!

經營不好的保險公司會被 Insurance Commissioners 收回去而不會傷害到你的利益。1989 收回 48,1990 收回 41,1991 收回 69,1992 收回 32,1993 收回 22,1995 收回 8,1996 收回 7,1997 收回 11 家(The New Life Insurance Investment Advisor 第一頁)

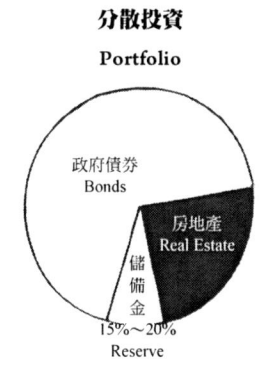

分散投資
Portfolio

政府債券
Bonds

房地產
Real Estate

儲備金
15%～20%
Reserve

一旦發生不幸時保險公司會不會找各種理由拒絕理賠呢？

美國有專門打這種理賠官司的律師，你不要先付律師費，等打贏了官司，你跟律師五五或六四（你6，律師4）分。請看1983年7月2日世界日報：

客戶溺斃拒賠款 保險公司破大財
大都會人壽保險敗訴

【洛杉磯訊】大賠款的最高賠償金額是「大都會人壽保險公司」。

一九七五年三月十五日死者佛萊齊爾與親友坐船出海垂釣，據船員說，他在當時大叫：「別讓他們抓到我」，並叫出他信仰的神在越南服役打仗時的術語與行動，然後跳入水中，拒絕被救。

佛萊齊爾的母親，她作證時說，佛萊齊爾是踩到垃圾而失足墜水。

佛萊齊爾在軍中服役的地點是夏威夷，他從未到過越南，也從未說要自殺。

大都會人壽保險公司則認定他是自殺，拒賠壽險一萬二千元，控方律師說大都會財產二十億，日入純利一百萬元，而對此事的拒賠實應嚴加懲戒一年，要求每拒賠中的一百萬元，付懲罰性賠償八百萬元，總共得賠一百萬元。

洛縣高等法院的大陪審團認為要求合理，審團週一裁定，保險公司在一九七五年，拒付意外喪生的保險客戶一萬二千元賠償金一事，應予懲罰性賠償八百萬鉅款，代表死者家屬的律師謝諾夫婦，謂是因「不守信用」而被罰。

800萬你拿5就是400萬，你拿6就是480萬

我在人壽保險這個行業 33 年，從經紀（Agent）做到財務顧問。人壽保險是你的「根」，與你所有的錢財都有密切的關聯。如果你有人壽保險的需要，泛亞財務保險代理公司（Transpacific Insurance Agency）在全美國南加州、北加州、紐約、新澤西、夏威夷等地有 10 家分公司，我們代表你，不論是那一家保險公司，只要這產品對你有「利」，我們公司不需要 Quota，直接幫你去買這家保險公司的產品！請把下列表格填好：

☐ 男 ☐ 女，出生____年____月____日，__歲，☐吸煙 ☐不吸煙，☐身體健康 ☐血壓高 ☐糖尿病 有_____病史

☐ 請幫我看看我買的是什麼人壽保險？能不能換成最新的活著就用的 4 合 1 或 5 合 1 的 Index UL。

☐ 收入不高，保費便宜，不需要儲蓄，每月可以存入保單內 $_____

☐ 死亡—致命重病—慢性重病—24 小時看護就給錢，都沒用到最後變成退休養老金的活著就用的 4 合 1 或 5 合 1 的人壽保險，每月可以存入保單內 $_____

☐ 作為賺錢免稅，拿錢也不付稅的工具，為自己存退休養老金，每月可以存入保單內 $_____

☐ 用人壽保險付清我的遺產稅把錢財留給兒女，用人壽保險作財務計畫。

☐ 保證死亡理賠，不在乎保單內有沒有現金值如付 20 年保費以後就不再付了，沒有儲蓄，120 歲以前死亡保險公司就理賠 25 萬、50 萬或 100 萬等，每月可以付 $_____

☐ 為兒女建立「老、病、死」的財務基礎，兒子____歲，女兒____歲，每月可以付 $_____

姓名_____ 電話（_____）_____
地址_____
_____
我星期一到星期五☐上午☐下午可以去你公司談，只有☐星期六☐星期日去你們公司談。
這個時間_____

表格填好寄到：

LA 地區   NY 地區

D.D. Wang   D.D. Wang
P.O. Box 464   36-40 Main St., #306
Lancaster, CA. 93534   Flushing, NY. 11354

長期看護保險 Long Term Care 對你的重要性

你願意因為你需要 24 小時看護而使你自己，兒女和孫子女成為窮人嗎？

不願意：

什麼方法可以救你？！

L.A. 626-353-0196

N.Y. 917-566-8879

1999 年 11 月 27 日星期六
世界日報

照顧老年親友 經濟犧牲很大

被迫放棄升遷 必須長期請假 總結一生薪資福利平均損失約 66 萬元

【紐約廿六日訊】根據親友老年人的照顧者付出的經濟代價非常高昂，有的小規模調查，對照顧年老親友付出的經濟代價非常高昂，發現這些人因為本身在職貢獻以及他們會投身家庭的精神耗費，以及延時間請到自家庭的責任。

對五十五人進行的調查，發現想有三分之二的人因照顧年老親友而影響收入，有用人機會份資料，足以估算他們受到的時接影響，顯示終生總結下來，他們平均損失了將近六十六萬元薪資。

社會安全和退休福利一九九七年對一千五百人進行的調查，裴朗有四分之一的家庭至少有一名成年人曾經照顧年老親友，證明八年紀錄在四十五歲以上，平均照顧年老親友八年。

調查是根據這批人中與約五十五名對象之一，其中有西分之廿九表示他們曾為照顧老人放棄升職或訓練，百分之廿二「無法獲得新的工作技能」。

調職，百分之廿二百分之廿五放棄工作。

接受調查者說，他們每個月平均多花兩百二十四元，協助年老親友，支付房租或其抵押貸款，每個月花三百二十四元，家庭醫療人員。

該額外花費平均維持兩年到六年，總共負擔時近兩萬元。即使他們不得請假，健康可能承受很大的壓力。「她們倒不覺得顧得很苦，只是這大多非正式性質，因為很少企業對照顧年老親人的員工提供正式援助。

隨著美國老年人會增加，而的長期醫療護費用正受到顧慮，全國照顧者聯盟估計未來十一年，需要照顧年老親人的工作人員將增加二百四十萬人，總數將達到一千五百六十萬人。

家庭照顧的成本並不便宜。

投資‧避稅‧保護財產

91

2000 年 7 月 20 日
世界日報

老年癡呆症 瀕臨全球大流行邊緣

隨著人類壽命延長 患者也愈來愈多 專家預料到本世紀中期將和癌症一樣普遍

【法新社華盛頓電】此間專家說，隨著人類壽命的延長，罹患令人恐懼的老年癡呆症患者將愈來愈多。

老年癡呆症協會副主席狄鮑在稽盛頓舉行的老年癡呆症世界大會上報告說：「我們瀕臨全球大流行的邊緣。」

他說，全球六十五歲以上人口中，有百分之十罹患老年癡呆症，八十五歲以上人口中還超過這種病的更高達將近百分之五十。

老年癡呆症是一種腦部逐漸退化、癱瘓發生的毛病，其特徵是癡呆、喪失記憶，程度嚴重到病人無法自已照料自己。

呆症由於未有良藥，跟老年有關的癡呆症患者將持續增加到本世紀中期。

一九九六年，全球約有一千二百萬癡料老年癡呆症病例，到西元二○五○年，這種罹病例人數將大略相當，即約二千五億癡呆症患者，二十四億癡呆症患者如加州大學教授塔鮑所說，老年癡呆症將成為目前工業化國家的研究人員發現跟老年癡呆症有關的某種基因問題，並在老鼠身上進行癡呆試驗，包括一種減緩消背退化的生物製劑等。

找不到治療方法，預估在工業化國家將有三千六百萬名老年癡呆症患者，其他國家的老年癡呆症病例將進三千七百萬人。

共專家宗統提出的只是整理現行的重大突破。

巴爾的摩約翰普金斯大學的普穌頓教授，說明過去十年來對了解癡呆症的病所獲得的進展。

C. R. 米諾塔德大學洛杉磯分校醫學中心的柯 c ー 辛斯基醫師說，富含豐維他命的飲食，陸低血壓、脂，甚至經維他命的飲食，或威，以及避免足夠的維生素 E 與維生素 C，來減緩老年癡呆症的活動。

伊萊禮品公司的孔克在會議上舉出一線希望，宣布一種可以減少腦粉斑顆粒一老年癡呆症的症狀一的老鼠疫苗，供人類使用安全試驗。

他說「三到六年後才可施人體，進一步試驗。」

專家也出五，只是建議薯試以降低人也會能持影響的活動。

醫界集中研究的到培哈默氏症，無法利止世界人口老化，他說：「對癡呆症調查，年齡老年為二大危險因素。」

什麼是 LONG TERM CARE 保險？

你的財務基礎有生前信託、人壽保險和退休養老計劃還不能完全安全，要加上 Long Term Care 保險才真正的完全安全。

Long Term Care 是說你因病或意外受傷而需要人 24 小時來長期看護或半照護。

你依靠 MEDICARE：

MEDICARE 前三天付$764 元，你自己付$764，前 20 天 Medicare 100%付，以後 80 天 Medicare 每天付$96 元，你自己付$96 元，100 天以後 Medicare 什麼都不付，你自己要 100%付！

What Does MEDICARE Pay？

Skilled Nursing Care

	WHAT MEDICARE PAYS	YOU PAY
Deductible for 3-day hospital stay	All but $764	$764
First 20 days	100%	0
Next 80 days	All but $96.00 a day	$96.00 a day
100+days	0	100%

當你自己要付 24 小時需要人看護的費用時，你一生累積的錢財要全部花完（Spend down）變成窮人以後，政府才會照護你。

一個人需要別人 24 小時照護的機會是多大？

Chances of Needing Long Term Care

1 out of 10　Age 55
4 out of 10　Age 65
6 out of 10　Age 75

Source: HIAA Consumers Guide to Long-Term Care, Feb 1991

55 歲　10 個人裡有 1 個需要人 24 小時照護
65 歲　10 個人裡有 4 個需要人 24 小時照護
75 歲　10 個人裡有 6 個需要人 24 小時照護

現在請仔細想想：

你買房子投保**火　險**：房子著火的機會是 1200 分之 1。
你買汽車投保**碰撞險**：汽車出車禍的機會是 240 分之 1。
你買醫藥保險**怕生病**：生病看醫生、住院、開刀的機會是 15 分之 1。
你買人壽保險**防早死**：65 歲以前死的機會是 30％。

你買 Long Term Care 保險：65 歲需要人 24 小時照護的機會是 5 分之 2，75 歲需要人 24 小時照護的機會是 5 分之 3。

記住：

一旦你需要人 24 小時看護時，你得把所有的錢財，這錢包括你的 IRA、401（K）、Keogh 等退休養老金要用掉，房地產要變賣，真正變成窮人以後政府才管你。而你需要 Long Term Care 的機會大過任何一種保險！

請仔細想想再回答：

如果你因為中風、肺氣腫或老人痴呆症等而需要 24 小時照護：
你是不是不願意讓你的配偶、子女或親戚有精神上和財務上的重擔？
你是不是要選擇一個建築及醫療設備都夠水準的療養院？
你不想要靠政府很差的 Medi-Cal 是不是？
你是不是不想因為你的病而花盡錢財，因此有錢留給配偶和子女？
你不願意，不想，不要……那是不是要預作準備？

以上 5 點，你的回答是 YES，你就該有 Long Term Care 保險。

你用自己的財力保自己的險能保多久？

IN YEAR	1999	2004	2009	2014	2019
YEARS FROM NOW	0	5	10	15	20
COST PER DAY	$120	$154	$196	$250	$318
COST PER MONTH	$3,650	$4,684	$5,950	$7,604	$9,673
COST PER YEAR	$43,800	$56,210	$71,394	$91,250	$116,070
COST FOR AVG STAY OF (2.8 YRS)	$122,640	$157,388	$199,903	$255,500	$324,996

ASSUMPTIONS：

- Assumes current national average stay of 2.8 years
- Assume 5% compound growth per year in care costs, in accordance with past 20 year history.

HOW LONG COULD YOU AFFORD TO SELF INSURE

如果你決定自己保自己的險，一旦需要人來24小時照顧，你可以現在就看到你的花費！

（這個表只算 2.8 年，因爲你需要人 24 小時照護你，平均 2.8 年後就過世了）

你認為他是你的「人頭」，美國社安局及國稅局認為他是實質上的有錢人

1960 年代美國重量級拳王喬路易在他中年以後說：「打我最重的一拳是國稅局。」現在社安局也會給你一記重拳！這重拳會把你的錢財打得大幅縮水或化為烏有！

張先生夫妻因為做生意被別人告過，所以房子用張先生母親的名字買的，60 萬付清，公司、股票等也是用張老太太名字，如果張老太太發生下列情況，張先生的錢財不是大幅縮水就是化為烏有！

如果張老太太中風，肺氣腫等病不能做飯、吃飯、洗澡、控制大小便、走路而需要人 24 小時看護，又沒有長期看護保險（Long Term Care），Medicare 只付前 20 天的看護費用，後 80 天 Medicare 付一半，張老太太付一半，100 天以後張老太太 100% 自己付，她要把她名下的錢財全部花光以後政府才管她。

如果張老太太因中風或心臟病立即死亡，沒做生前信託（Living Trust），她名下所有的錢財都要進遺囑認證法庭（Probate Court）清查，快 18 個月解凍，慢要 2 年，她得付律師費、行政費、執行費等，這些法庭費用去掉她錢財的 10%。此外張先生會接到國稅局 706 表格（United States Estate Tax Return）從張老太太死亡日起 9 個月之內憑此表格報好遺產稅。若事先沒有獲准延遲申報或不報，以致欠遺產稅，就會受到國稅局罰款及利息的雙重懲罰。

張先生認為母親只是「人頭」，在美國稅法上來說張老太太就是實質上的有錢人。因為所有在她名下的錢財稅法叫做 Incident Ownership（處置權）一旦中風需要人 24 小時照護時，社安局就會給她一記：「重拳」——全部錢財變賣花光政府才管她！為防這一記重拳，所以要有長期看護保險。一旦死亡國稅局會給他一記重拳—付遺產稅！為防這一記重拳，所以要做生前信託。這二樣張先生都沒做！

在這兒順便再告訴大家，當張先生再被別人告的時候，公司是張老太太的名字，所以張老太太會被告，一旦張老太太被告，她才轉移她的錢財，這是沒有用的，因為在法律上被告以後才轉移錢財就是詐欺性轉移（Fraudulent Transfer），對方告贏官司，所有轉移的錢財都得拿出來賠給人家。要防被告就得做不可更改的生前信託（Irrevocable Living Trust）。

用知識保護自己的錢財是正確之道，用「我以為……我認為……」就「以為」保護自己的錢財了，那是無知，有一天你要為無知付出慘痛的代價！

悲劇，因為你「不設防」而毀了3代！

2013年4月13日星期6，洛杉磯世界日報的B10版新聞標題：「槍殺姐夫 黃壂謀殺罪不抗辯」「家庭悲劇始於照顧病母」。

母親成為植物人，姐姐從醫院把母親接回家在自己家裡看護，姐夫對此心情不好而口出辱母髒話，因而與小舅子黃壂關係非常不好，終於有一天為了母親，黃壂對著姐夫連開4槍，姐夫當場斃命。姐夫死了，姐姐成為寡婦，黃壂坐牢，太太成為活寡，第2代毀了，第3代孫子和外孫因為沒有父親經濟上的幫助，不敢說百分之百毀了一生，至少現在的生活被毀了。是的，沒有人願意發生這樣的悲劇，更沒有人希望看到這樣的悲劇，因為你不事先設防，這樣的悲劇發生就是發生了！

我不會那麼倒楣

吃飯、穿衣、走路、入廁、洗澡和反應這6項裡有2項不能自理就需要24小時看護了。根據HIAA 1991年的統計報告：55歲，10個人裡有1人需要24小時看護（Long Term Care），65歲，10個人裡有4個人需要24小時看護，75歲，10個人裡有6個人需要24小時看護，比任何保險發生的機率都大很多。不事先預防，一旦發生需要24小時看護就發生你100%不想看到的事！別忘了中國俗語說：「久病無孝子」。

美國政府會照顧我

別只知其1不知其2，當你需要24小時看護的時候，前20天由Medicare付，後80天Medicare付50%，你自己付50%，100天以後你自己100%付！除非你是甚麼錢財都沒有的窮人，美國政府才管你，只要你有錢財，你得把你所有的錢財花光（Spend down）變成真正的窮人以後，美國政府才照顧你。（英文好的人買或租一片SICKO看看）

用甚麼辦法設防？

你在銀行有10萬閒錢，這10萬銀行只給你1%利息，人死也是這10萬，需要24小時看護還是這10萬，你把這10萬轉存到MG，這10萬就會變大！

1. MG的作用與銀行一樣，你有急用隨時拿走（只有前2年要付一點利息稅）
2. 不拿，錢會變大舉例：60歲，男，存入MG. 10萬（68歲以後的男女就不收了），不論在哪一個年齡過世，保險公司都理賠$137,393給你指定的受益人
3. 任何年齡需要24小時看護，保險公司每月付你$5,725，一共付6年，6年總共付給你$412,179。

6年以後就不再付了。（你嫌$5,725少，你可以向保險公司申請最多存入多少錢，拿每月最高給付）

※付了1年人就去世了,$5,725 X 12個月＝$68,700,死亡理賠是$137,393減去$68,700＝$68,693給你指定的受益人。付了2年6個月就是$5,725 X 30個月＝$171,750,超過死亡理賠,這時保險公司付死亡理賠$137,393的10%即$13,739給你的受益人。

※你認為到你用到24小時看護時,那時$5,725一個月不夠,你可以現在就向保險公司申請一次存入多少錢,保險公司每月才給你最高的費用?

存錢有利息嗎?

有,利息付人壽保險和24小時看護的保費了。

2013 年 4 月 13 日世界日報 B10 版

因為你不設防而毀了 3 代的典型證據！

槍殺姊夫 黃壘謀殺罪不抗辯

家庭悲劇 始於照顧病母

2013 年 10 月 30 日星期三世界日報紐約 C5 版

今天在美國有一個非常嚴重的問題，
那就是;「老了怎麼辦？」
忽視這個問題的人，
答案已經很清楚了，
那就是：
「老而窮愁潦倒！」

1987 年 6 月 22 日 U.S. News & World Report 封面

美國的嬰兒出生率夠不夠高？

第 50 頁說：「1986 年美國人口統計局的調查報告：在美國 1,000 名生育年齡的婦女只有 65 個人願意生小孩」。

二對祖父母只有一個孫子的情況愈來愈普遍。

1995 年 5 月 8~11 日全國性報紙 USA TODAY 頭版說：「你們夫妻現在 40 歲上下，到你們退休時要有 100 萬」！
頭版報導（COVER STORY）「沒有儲蓄，意思是工作的時期更久」

1995 年 8 月 3 日世界日報 A3 版報導標題

公司退休制度式微，社會安全也靠不住

灰白髮人面臨退休危機

自費養老少有負擔得起

專為個人理財的經濟月刊 Kiplinger's 1995 年 10 月封面問：「你負擔得起退休生活嗎？」

文刊於 51 頁，最後一段說：「你要很認真的去做退休計劃，存足夠的錢能讓自己有一個舒適的退休生活是你現在的挑戰。」

1997 年 4 月 Money 月刊封面

圖 1. 單身女孩，現在年收入$27,000 元，到她 55 歲她朝著要存夠 100 萬努力。

圖 2. 中間這對夫妻年收入$72,000 元，到他們 65 歲退休時，還能過現在年收入$72,000 的生活水準，朝存夠 180 萬努力。

圖 3. 最後這對夫妻年收入$100,000 元，到 65 歲時還要過年入收 10 萬元的生活得存夠 190 萬。

聽起來要有 100 萬好難！只要懂得賺錢把稅避掉，要存夠 100 萬並非難事。

1999 年 10 月 24 日星期日世界日報頭版頭條標題

社安署推延退休金領取年齡

越晚生越吃虧
1960 年後出生者至少 67 歲才能領到全額

2007 年 4 月 24 日　世界日報

社安基金用罄　延至 2041 年

財務報告出爐　比原估晚 1 年　醫療照顧則 2019 年用完

2007 年 10 月 10 日　世界日報綜合新聞 A6
嬰兒潮世代　明年開始領社安金

美國退休制度　面臨破產

為退休養老金做計劃（Pension-Plan Assets）
先付給你自己（Pay Yourself First）

PAY YOURSELF FIRST

Problem：At the end of the month, most people, don't have anything left to save.
Solution：At the first of the month, before you pay anyone else, write a check to yourself for 10% of your income.

Why is Paying Yourself First so Important？

Today, many people who never learned that basic concept art living in poverty. The best argument I know for paying yourself first is the situation of retired people in America.
Look at the facts：According to the last Census Bureau Survey, most people fail to accumulate enough money in their lifetimes to retire with dignity.
The chart at right illustrates graphically the most Americans, at least at the time of the last U.S. Census study, retired on less than $5,000 a year. A full 87% retired on less than $10,000annually. Many of the people who make up these statistics have worked hard all their lives, just like you and I are working now. What happened？How can this sort of thing be happening in the richest country in the world？
It's a matter of percentages. Originally the planners of Social Security calculated that there world be 30 workers for every retired person. In 1955, it was down to a 6-1ratio. Today the rate 3-1, and is likely to go even lower.

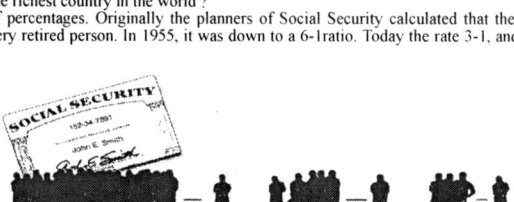

- 27% $5,000 to $10,000
- 13% Over $10,000
- 60% Less than $5,000

1935　1955　1983

　　1984 年美國人口統計局（Census Bureau Survey）的調查報告說：「1983 年美國 60% 退休的老人每年收入低於 5 千元。27% 的老人年收入從 5 千到 1 萬元，只有 13% 的老人年收入超過 1 萬。」

　　因為——

　　1935 年羅斯福總統簽署社會安全（Social Security）法案，那時候每 30 人付的社會安全金養一位退休老人。

　　1945 年開始美國人節育，四十年下來變成老人多，中年人多，年青人少。因此，到了 1983 年平均只有 3 個人付的社會安全金去養一位退休老人。

　　1996 年平均 2.8 人付的社會安全養老金養一位退休的老人，繳錢的人少，受益的人多，社會安全面臨崩潰。

　　註：根據這份報告，你要為自己老的時候存錢，先付給自己！兒孫自有兒孫福了。

很多父母說:「要留給子女一點財產或錢」,這是父母的心意,「心意」碰上「現實」的時候,心意是敵不過現實的。請看上一頁 Pay Yourself First 的中文譯文:

難題(Problem):到了月底,大多數的人都花的沒錢剩了。

解決(Solution):月初,在你付任何費用之前,先開一張你每個月收入的 10%的支票付給自己,然後再付其它的費用。

為什麼先付給你自己這麼重要?

今天,很多人從來就沒想過有一天他會生活於貧困之中,也從來就沒學學應該有這個概念。你要證實這個問題,最好的解決之道就是現在開始,你先付給你自己。

請看這個事實:

根據(1983)美國人口統計局的調查報告說:「大多數的人都沒有在退休的那一天存夠錢,以致於他們在工作了一輩子之後,竟然沒有辦法過一個有尊嚴的退休生活」。

右邊這個圖表是(1983)美國人口統計局的調查統計,此一統計指出:「現在(1983)美國退休的老人中有 60%的老人年收入低於 5 千元。在全部退休的老人中竟有 87%的老人年收入低於 1 萬元」。

在這統計數字內的許許多多的退休老人中,他們曾經和你我現在辛勤工作一樣,辛勤工作了一輩子,結果呢?

在這個世界中最富有的國家裡怎麼會發生這種事呢?

社會安全最初的設計是 30 個工作的人,所付的社會安全養老金養一位退休的老人,到了 1955 年,只有 6 個工作的人付的社會安全養老金養一位退休的老人,今天(1983)只有 3 個工作的人付的社會安全養老金養一位退休的老人,以後付社會安全養老金的人會更少。

再看現實是這樣的:

你今年 40 歲,到 70 歲退休。

你要有 100 萬才能過像樣一點的退休生活;

按 4%通貨膨脹計算,今天一千元的購買力,20 年後就是$2,191,30 年後就是$3,243元才是今天一千元的購買力。

你今天的生活開銷每個月$2,000 元,到 70 歲時,每個月要收入$6,486,一年是$77,842。假定銀行付你 10%的利息,你要在銀行存 100 萬,一年才有 10 萬元收入,扣掉稅才剛夠今天生活的水準。

如果你活到 85 歲，從 65 歲退休後的 20 年，你把通貨膨脹計算進去了嗎？這樣一算，絕大多數的人只能「先付給自己了」。

IMPACT OF INFLATION ON COST OF LIVING					
每年的通貨膨脹率 Annual Rate Of Inflation	今天的購買力 Cost Today	5 年後要 Cost in 5 Years	10 年後要 Cost in 10 Years	20 年後要 Cost in 20 Years	30 年後要 Cost in 30 Years
4%	$1,000	$1,217	$1,480	$2,191	$3,243
6%	$1,000	$1,338	$1,791	$3,207	$5,743
8%	$1,000	$1,469	$2,159	$4,661	$10,063
10%	$1,000	$1,611	$2,594	$6,727	$17,449
12%	$1,000	$1,762	$3,106	$9,646	$29,960

請看清楚：

10 幾年前我就告訴大家應該把錢先付給自己，兒女的大學學費由他們自己想辦法 請看：
2005 年 9 月 24 日星期六世界日報美國新聞（三）C3 版新聞標題

專家建議 先攢錢養老　別忙替兒籌學費

【紐約時報廿三日訊】

理財專家表示，家長把所有餘錢都用來為子女儲蓄大學學費並不明智，應該先為自己的退休而儲蓄，因為子女總會以打工和貸款籌到學費，而退休生活費不足，則沒有任何貸款，此外，子女教育儲蓄愈多，在大學獲得財務補助就愈少。

理財專家說，如果家長沒有足夠的錢讓子女讀大學，他們總可打工和貸款籌到學費；而家長沒有足夠的退休生活費，卻沒有地方可貸款，只能吃貓食罐頭，或仰仗其教育良好和被寵愛的子女。

2010 年 8 月 6 日
世界日報頭版頭條

27年首見 社安金入不敷出

經濟衰退失業率居高不下　超支410億財務惡化　信託基金2037年告罄

2012 年你 40 歲，到 2037 年你退休時就得 100% 靠你自己的儲蓄養老了！因為拿錢的人多，付錢的人少，也許 2030 年或 2025 年社會安全養老金就沒了！

2011 年 12 月 20 日

世界日報美國（三）C3 版

積蓄不足以維持退休所需
嬰兒潮先鋒 430萬人一職難求

編譯中心

綜合19日電

許多上了年紀的美國人擔心他們必須一直工作到60多歲，因為他們的積蓄不足以維持退休所需。數百萬銀髮族卻巴不得有這種機會，因為他們找不到全職工作，生活捉襟見肘，對未來的命運更是憂心忡忡。

「華爾街日報」報導說，勞工部的資料顯示，55至64歲的美國人今年10月有430萬人找不到全職工作，比2006年的240萬人多出將近一倍。

嬰兒潮世代的前鋒正試圖延後退休，以維持生活所需。美國的失業率仍高達8.6%，10幾歲和20幾歲的人失業率更高，而這些年輕人責怪嬰兒潮世代不肯讓出位子，害他們找不到工作。但是，隨著僱主看上待遇較低的年輕員工，這些職場老將愈來愈無法戀棧。

勞工部的失業率，只統計過去一個月曾經找過工作的人。根據這種定義，55至64歲的人今年10月失業率為6.5%。但是，把想要全職工作卻找不到，或是只能找到兼職工作，或已灰心得放棄求職的人全部算進去，他們的失業率高達17.4%。

就某方面而言，銀髮族境況比其他年齡層好一點。美國所有工作人員，有20%失業、只能找到兼職工作，或放棄找工作。

年紀愈大的人找工作愈難。55歲以上失業者，有一半以上找工作已超過兩年，而較年輕失業者這種比率為31%。找到新工作的年紀較大員工，有72%待遇降低，而且經常低很多。

　　1935 年羅斯福總統簽署社會安全，那時 15 人付的退休養老金養一位退休的老人，1935 年美國人提倡節育，2012 年只有 2 個人付的社安金養一位退休的老人，2037 年（也許還會提早）社會安全養老金徹底崩潰！如果你今年 30 或 40 歲還沒有想到為自己存退休養老金，這 430 萬人就是你的前車之鑑！

　　因為人口老化，你更得提早為自己存養老金，越晚存錢就會在老的時候面對窮愁潦倒！

　　Equity Index Annuity（簡稱 EIA）可以幫你把小錢變成大錢。

早六年做退休計劃和晚六年做退休計劃之比較

22 歲每月存$2,000 到 EIA，一共存六年$12,000，以後不再存了，以 12%利息計算賺錢延後付稅到 65 歲退休時有一百萬了。

CLEINT A：Opens tax deferred account at 12% and invests $2,000 a year for six years, then stops investing.

EXAMPLE A

Age	Payment	Accumulation End of Year	Age	Payment	Accumulation End of Year
22	$2,000	$2,240	45	0	139,788
23	2,000	4,479	46	0	156,563
24	2,000	7,559	47	0	175,351
25	2,000	10,706	48	0	196,393
26	2,000	14,230	49	0	219,960
27	2,000	18,178	50	0	246,355
28	0	20,359	51	0	275,917
29	0	22,803	52	0	309,028
30	0	25,539	53	0	346,111
31	0	28,603	54	0	387,644
32	0	32,036	55	0	434,161
33	0	35,800	56	0	486,261
34	0	40,186	57	0	544,612
35	0	45,008	58	0	609,966
36	0	50,409	59	0	983,162
37	0	56,458	60	0	765,141
38	0	63,233	61	0	856,958
39	0	70,821	62	0	959,793
40	0	79,320	TOTAL Contributions： $12,000		
41	0	88,838			
42	0	99,499			
43	0	111,439	TOTAL Accumulation： **$959,793**		
44	0	124,811			

Figures above are for illustrative purpose only and do not reflect and actual investment in any product.

到 28 歲開始每年存$2,000 元到 EIA，假定同樣 12%的利息，賺錢可以延後付稅，你要存 35 年，共$70,000 元，到 65 歲時才有一百萬。

CLIENT B：Spends $2,000 a year on himself for six years, then opens tax deferred account at 12%, and invests $2,000 a year for the next 35 years.

EXAMPLE B

Age	Payment	Accumulation End of Year	Age	Payment	Accumulation End of Year
22	0	0	45	2,000	124,879
23	0	0	46	2,000	142,105
24	0	0	47	2,000	161,397
25	0	0	48	2,000	183,005
26	0	0	49	2,000	207,206
27	0	0	50	2,000	234,310
28	$2,000	2,240	51	2,000	264,668
29	2,000	4,749	52	2,000	298,668
30	2,000	7,559	53	2,000	336,748
31	2,000	10,706	54	2,000	379,398
32	2,000	14,230	55	2,000	427,166
33	2,000	18,178	56	2,000	480,665
34	2,000	22,559	57	2,000	540,585
35	2,000	27,551	58	2,000	607,695
36	2,000	33,097	59	2,000	682,859
37	2,000	39,309	60	2,000	767,042
38	2,000	46,266	61	2,000	861,327
39	2,000	54,058	62	2,000	966,926
40	2,000	62,785	TOTAL Contributions：$70,000		
41	2,000	72,559			
42	2,000	83,507			
43	2,000	95,767	TOTAL Accumulation： **$966,926**		
44	2,000	109,499			

利用 IRA（個人退休帳戶）存錢養老

稅法規定拿 W2 表報稅的人，2014 年 49 歲以下可以存入 IRA 最高$5,500 元，50 歲以上最高存入$6,500 元。

假定你今年的收入是$25,000 元，你存入 IRA 的$2,000 元可以抵稅，以$23,000 元報稅。IRA 裡所產生出來的利息可以延後到 59 歲半動用的時候才付稅（最晚要在 70 歲半時必須提取，不到 59 歲半因死亡或殘障，提錢也沒有罰款）。

如果你的付稅率是 15%，這$2000 元裡有$300 元是政府的，付稅率是 28%，這$2000 裡有$560 元是政府的，你今年可以不必付稅給政府。

你今年 35 歲，每年存入 IRA 裡的$2,000 元，到你 65 歲，一共存了 30 年，總共存了$60,000 元，以 10%的複利計算，到 65 歲時，你 IRA 裡有$361,886 元。你在這時提用才要付稅。

如果先生做事，太太是家庭主婦，丈夫可以最高存入 IRA$2,000 元，太太也准存$2,000 元，這$4,000 元可以分為二，即先生$2,000 元，太太$2,000 元。

夫妻二人都做事，二人都可以各有一個$2,000 元的 IRA，若年薪太高則不准許有 IRA。

存 IRA 的先決條件是拿薪水的人，凡是靠利息、房子出租收租生活的人不准存 IRA！

每年的 1 月 1 日存 IRA 和 12 月 31 日存 IRA 或明年 4 月 15 日報稅前存今年的 IRA，這其中有差別嗎？

這中間的利息差別太大了，今年 1 月 1 日存 IRA 或 12 月 31 日存 IRA，以$2,000 元，8%的複利計算，一年看不出有多大的差距，20、30 年下來差距就大了！如果明年 4 月 15 日前存今年的 IRA，利息差距豈不是更大！

存 IRA 是為得到稅上的好處，每年 1 月 1 日存 IRA，20、30 年下來可以多賺 5、6 萬元。每年拖到 12 月 31 日才存 IRA，20、30 年下來，就少賺 5、6 萬元。

我有急用可不可以用 IRA 內的錢？

可以，但是聯邦政府要割款 10%，加州政府割 2.5%還要付提領金額當年所得稅，割款 12.5%不計入本金內，舉例：

你存入 IRA$4,000 元，提用時先割$500 元（12.5%），再以你的付稅率約 15%付稅，$4,000 元要付$600 元稅，實際拿到手的只有$2,900 元。（59 歲半以後拿錢就不割）

一旦存了 IRA，每年都要存嗎？

不必，你去年存了 IRA，今年沒錢可以不存，明年有錢再存，只是不存 IRA 就準備多付稅，舉例：

未婚單身，沒有房了，年收入 $15,000 元，扣 15% 的稅是 $2,250 元，實得 12,750 元。

$15,000-$2,000 個人寬減額，再減 $2,000 IRA=$11,000 元，15%=$1,650 元稅。（$2,250 元-$1,650=$600，還可以退稅 $600 元）

不存 IRA 表示要多付 $300 元稅！

存入 IRA 裡的錢可以選擇共同基金投資在各種股票、債券(Bonds)和 S&P 500 指數基金上。

IRA 可不可以從這家銀行轉到另一家銀行或另一家保險公司？

可以，英文是 Rollover。你要把 IRA 轉入那家銀行或保險公司，你就讓你現在那家銀行或保險公司在支票上 Pay to：一欄打上你要轉存入的那家銀行或保險公司的名字。

每 12 個月准許轉一次。

注意：

2014 年單身年收入總數（AGI）$58,000 以下存入傳統 IRA 內的錢如果 $1,000、$2000 都可以抵稅，夫妻合報稅在 $95,000 以下存入傳統 IRA 內的錢也可以全部抵稅。

銀行與人壽保險公司 IRA 之比較

銀行和人壽保險公司的 IRA 都是到你 59 歲半時才可以提取。銀行的 IRA 必須在你 70 歲時全部提完。人壽保險公司的 IRA 則可以按死亡率（Mortality Rate）轉換成年金（Anuity），一直連本帶利拿到人去世為止。

如果你要把銀行的 IRA 轉到人壽保險公司，英文是 Roll Over，要以銀行的原本支票轉存入人壽保險公司，不可以把銀行支票存入你的戶頭後再開一張你的私人支票！

Six Important Questions ... and Answers

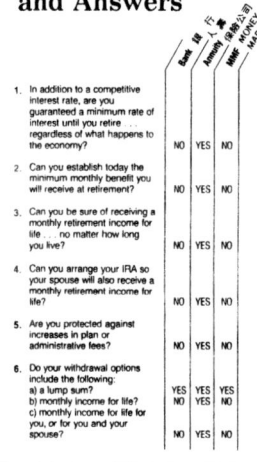

	Bank 銀行	Annuity 人壽保險公司	MMF MONEY MARKET
1. In addition to a competitive interest rate, are you guaranteed a minimum rate of interest until you retire ... regardless of what happens to the economy?	NO	YES	NO
2. Can you establish today the minimum monthly benefit you will receive at retirement?	NO	YES	NO
3. Can you be sure of receiving a monthly retirement income for life ... no matter how long you live?	NO	YES	NO
4. Can you arrange your IRA so your spouse will also receive a monthly retirement income for life?	NO	YES	NO
5. Are you protected against increases in plan or administrative fees?	NO	YES	NO
6. Do your withdrawal options include the following: a) a lump sum? b) monthly income for life? c) monthly income for life for you, or for you and your spouse?	YES NO NO	YES YES YES	YES NO NO

為什麼人壽保險公司的 Equity Index IRA. 比銀行和 MONEY MARKET FUNDS 都好？

1. 日後經濟變動，利息可能高可能低，能否在利息上保證最低標準？銀行：No，人壽保險公司：Yes，Money Market：No。
2. 能否現在就建立我在退休時每個月最少拿多少錢？銀行：No，人壽保險公司：Yes，Money Market：No。
3. 不論我活多少歲，能否確定我退休以後每個月拿多少錢直到去世嗎？銀行：No，人壽保險公司：Yes，Money Market：No。
4. 能否安排我配偶從退休年齡開始也從 IRA 帳戶中提錢？銀行：No，人壽保險公司：Yes，Money Market：No。
5. 你們能保障我 IRA 帳戶增值而不被各項行政費用吃掉嗎？銀行：No，人壽保險公司：Yes，Money Market：No。
6. 你要怎樣領取 IRA 的錢呢？

    A. 一次提出（銀行、人壽保險公司、Money Market 都 Yes。）

    B. 每月領直到去世（銀行：No，人壽保險公司：Yes，Money Market：No。）

    C. 每月夫妻一起提取直到夫妻去世（銀行：No，人壽保險公司：Yes，Money Market：No。）

S&P500 指數基金結合 IRA

稅法准許有工作收入的人，每年最高存入 IRA 裡 $2,000 元，這 $2,000 元可以抵稅。

你今年 35 歲，沒有 IRA，你的付稅率 15%，$2,000 元付 15%的稅就是 $300 元，付 28%的稅，$2,000 元就要付 560 元的稅，33%付稅，$2,000 就要付 $660 元的稅。如果每年存入 IRA. $4,000 那損失就更大了！

35 歲，每年付 15%的稅	$300	付 28%稅 $560	付 33%稅%660
以後平均每月付稅	$25	$46.7	$55
一共付了	30 年	30 年	30 年
省稅的錢投資指數基金，平均回報率	12%	12%	12%
付稅率	0%	0	0
到 65 歲，你因為沒有 IRA 而損失	$98,159	$183,347	$215,950

35 歲，每年存入 IRA	$2,000	45 歲，每年存入 IRA	$2000
以後每個月平均存	$166.67		$166.67
一共存了	30 年		20 年
投資 S&P500 平均回報率	12%		12%
付稅率	0%		0%
到 65 歲，你帳戶內有	$654,405		$186,664

所有的條件都一樣，你晚 10 年，結果錢的累積就差了很多！

你看投資回報率和付稅率對你的錢有多大影響

我們3人的條件一樣	你只知道銀行	他知道共同基金	我知道 EIA
*都35歲一次存入	$10,000	$10,000	$10,000
*以後每個月存	$300	$300	$300
*一共存了多少年	30年	30年	30年
*投資回報率	5%	12%	12%
*你的付稅率	28%	28%	0%
*到你65歲時你的帳戶內有	$223,391	$642,038	**$1,407,986**

為了讓自己老了有錢過舒適的退休生活，你必須要瞭解投資賺高利，賺了錢還得把稅避掉。

IRA 複利計算表

如果你今年 30 歲，每年在 IRA 中存入$2,000 元，利息 11.75%，你存到 60 歲，你 IRA 中會有$513,903 元；利息 11.50%，到 60 歲，你有$488,596；利息 11%，到 60 歲，你有$441,826 元；利息 10%，到 60 歲，你有$361,886 元。

IRA 利息表

複利 COMPOUND INTEREST PROGRAM

年數 YEAR	每年存款 CASH FLOW	COMPOUND VALUE AT 11.75%	COMPOUND VALUE AT 11.50%	COMPOUND VALUE AT 11.00%	COMPOUND VALUE AT 10.00%
1	2000	2235	2230	2220	2200
2	2000	4732	4716	4684	4620
3	2000	7523	7488	7419	7282
4	2000	10642	10580	10455	10210
5	2000	14128	14026	13825	13431
6	2000	18023	17869	17566	16974
7	2000	22396	22154	21715	20871
8	2000	27340	26932	26327	25158
9	2000	32675	32259	31444	29874
10	2000	38750	38199	37122	35062
11	2000	45538	44822	43426	40768
12	2000	53124	52207	50423	47045
13	2000	61601	60441	58189	53949
14	2000	71074	69622	66810	61544
15	2000	81660	49858	76379	69899
16	2000	93491	91272	87001	79089
17	2000	106711	103998	98791	89198
18	2000	121484	118188	111878	100318
19	2000	137994	164010	126405	112549
20	2000	156443	151651	142530	126004
21	2000	177060	171321	160428	140805
22	2000	200100	193253	180295	157086
23	2000	225847	217707	202348	174994
24	2000	254619	244973	226826	194694
25	2000	286772	275375	253997	216363
26	2000	322702	309273	284157	340199
27	2000	362855	347070	317634	266419
28	2000	407725	389213	354794	295261
29	2000	457868	436202	396041	326988
30	2000	513903	488596	441826	361886

2014 簡易（SIMPLE 是 Savings Incentive Match Plan For Employees 的縮寫）IRA.可以抵稅，好處多多，中小企業開戶比較合算

1997 年 1 月 1 日稅法准許個人、夫妻 2 人到 100 位員工以下的公司行號開「簡易個人退休帳戶 SIMPLE IRA」有下列各種好處：

1. 老闆及員工每年最高可以存入簡易 IRA 中$6,000 元，這 6 千元可以抵稅。
   簡易 IRA 沒有開 401（K）那麼繁雜的手續，也沒有國稅局 5500 表那麼麻煩，同時維持費用很低，每個人每年只要$15 元行政費就行。管理簡單，老闆也不要向國稅局申報。
2. 老闆要補助其員工年薪的 1%~3%，如員工甲年薪$30,000 元，老闆願補助 3%就是$900 元。員工甲存入簡易 IRA 中$3,000 元，老闆補助$900 元，員工甲簡易 IRA 內的錢就是$3,900 元。老闆補助員工的這 9 百元可以抵稅，因此也可以留住好的人才。

注意：

    A. 老闆不可以在 5 年之內連續 2 年只補助 1%。如第 1 年、第 2 年補助 1%，第 3 年就不能再補助 1%了。
    B. 老闆最高只能補助 6 千元。
    C. 老闆補助的 1%、2%、3%要在前一年的年底定案，定案後不可以更改！如補助 3%定案，今年老闆改變主意只想補助 2%，不行！

3. 如果員工沒存入簡易 IRA 中一分錢，老闆可以不給他補助，若老闆願意也可以給他補助。
4. 如果公司已經有 SEP 或行號有 Keogh 了，今年開簡易 IRA 還可以保有 SEP 或 Keogh，但是明年就不能有 SEP 或 Keogh 了。
5. 員工要連續 2 年的收入在 5 千元以上，才有資格開簡易 IRA。新進員工，只要老闆願意，當年就可以給予補助。

總而言之，簡易 IRA 所有的手續都由專門公司的專理人員做，公司沒有一點麻煩。

夫妻二個人的公司尤其有利，先生是老闆，太太是員工，二個人每個人每月最高可以存入簡易 IRA 中 6 千元，二個人就是$12,000 元，這 1 萬 2 千元可以抵稅，還有補助的 1%、2%、3%也抵稅。簡易 IRA 不但減低公司及個人的付稅率，還可以讓你賺很多錢！

把簡易 IRA 中的錢去投資 S&P500 或共同基金,假定 10 年平均回報率 12%,舉例:

員工甲 35 歲,年收入$35,000,假定每年存入簡易 IRA 中$4,000 元,加上公司平均 2%的補助$700 元投資 S&P500 或共同基金,照此不變,到他 65 歲時,他簡易 IRA 帳戶 有$1,380,000!

要開簡易 IRA 帳戶必須在每一年的 9 月 30 日前開,過了 9 月 30 日就不能開今年的 簡易 IRA 了。

注意: 2001 年 5 月 26 日新稅法,2002 年可以存入 SIMPLE IRA$7,000,然後每年增 加$1,000,2003 年是$8,000,2004 年是$9,000,2005 年是$10,000,一直到 2009 年都可以存 入 SIMPLE IRA$10,000。

2014,50 歲以下最多存$12,000,50 歲以上可以加$2,500。

S&P 500 指數基金結合 SIMPLE IRA

你是老闆,35 歲,年薪$50,000,你每年存入 SIMPLE IRA 裡$6,000 元,再補助自己 3%$1,500 就是$7,500。

35 歲,每年存入 SIMPLE IRA	$7,500	45 歲,每年存入 SIMPLE IRA	$7,500
每個月平均存	$625		$625
一共存	30 年		20 年
投資 S&P 500 平均回報率	12%		12%
付稅率	0%		0%
65 歲,你帳戶內有	$2,453,975		$699,979

你是員工,年薪$30,000 你每年為自己存入 SIMPLE IRA 裡$3,000 元,老闆補助 3%900 元。

35 歲,每年存入 SIMPLE IRA	$3,900	45 歲,每年存入 SIMPLE IRA	$3,900
每個月平均存	$325		$325
一共存	30 年		20 年
投資 S&P 500 平均回報率	12%		12%
付稅率	0%		0%
65 歲,你帳戶內有	$1,276,067		$363,989

利用401K為自己存退休養老金

國稅局 IRS 認可的退休養老計劃對公司老闆、經理及僱用人員在稅上的好處：

1. **存錢沒有稅——可以抵稅**

   稅法規定，你在 401K 中可以存入你年薪的 20%，1999 年最高不可以超過$10,000元。舉例：你年薪 7 萬元，存入 401K 中 20%就是$14,000 元，不行，最高$10,000元，這$10,000 元可抵稅，用 6 萬報稅。年薪 7 萬，稅率在 28%，$10,000 元裡有$2,800 元是政府的。

   註：最高$10,000 元是 1999 年規定，會按通貨膨脹增加。

2. **存錢產生出來的利息不付稅**

   你存入 401K 裡的錢所產生出來的利息不付當年的收入稅（Income Tax）。一直延緩到你退休用這筆錢的時候才有稅。

3. **一旦死亡，你的配偶可以拿十年，減低聯邦財產稅和聯邦收入稅**

   假定你在 401k 中每年存$7,000 元，一共存了 10 年，連本帶利有 10 萬元。這時去世，如果你太太將這 10 萬元一次提出，不但要付聯邦財產稅（Federal Estate Tax），因為這是你的現金財產，還要付聯邦收入稅（Federal Income Tax），因為你這十萬元的本和利都沒付過稅！

   你太太每年拿 1 萬元，連續拿 10 年就大大減低了財產稅和收入稅。

4. **老闆為員工存錢，可視為生意開銷抵稅**

   老闆僱用張三、李四二個職員
   張三年薪 2 萬，存入 401K 中 10%就是$2,000
   李四年薪 3 萬，存入 401K 中 10%就是$3,000
   老闆認為這二個人是得力助手。第三年以張三存其 401K 中的 2 千元為準，老闆再為他多存入 20%，即$400，第四年多為他存入 30%即$600…；每年以張三存 401K 中的 10%為準，每年增加 10%，到第 10 年，張三存入 401K 中$3,500，老闆就要為他存$3,500，（李四也是如此）。

   老闆為張三、李四存進去的錢，可視為生意開銷而抵稅。也是留住張三、李四二位得力助手一種力量。

說明：

　　離職的員工可以把在公司內開的401K帳戶裡的錢直接轉入IRA沒有稅的問題。

　　這種轉帳是401（K）的保管人（Trustee）對IRA的保管人（Trustee），所以沒有稅的問題。

　　要是你自己把錢從401（K）中拿出來，僱主就要扣下20%，在60天之內沒把錢轉入IRA，60天以後就要被徵稅。

年輕，高收入，不在乎股市上上下下的風險可以利用「浮動年金」來為自己多賺錢少付稅積存退休養老金

「浮動年金」英文叫做 Variable Annuity，浮動（Variable）的意思是「你的錢委託專業投資公司的專業人才投資在共同基金上，法律規定要分散投資到許多家公司的股票及債券上，依股票市場高高低低的情況而賺錢，打平或是虧錢，所以本金和利息都沒有保證」。年金（Annuity）就是退休養老金，「你可以每個月存入年金 50、100 或 200 元，也可以每個月存入年金 1 千、2 千或 5 千，有錢就存，沒錢不存，沒有規定一定要存。你也可以一次存入年金 3 萬、5 萬或 30 萬、50 萬，可以零存或是整存，年金內最高限制每家人壽保險公司的規定不同」。

年金是給你退休養老用的，稅法優待你在年金內所賺的錢可以延後付稅（Tax Defer），到你 59 歲以後提用的時候才付稅，59 歲以前提用會被聯邦政府罰 10%，加州政府罰 2.5%。

你個人退休帳戶 IRA，公司員工退休計劃 401K，學校老師退休計劃 403（b）等都可以放到「共同基金」內去投資股票與債券。

若都得 6% 的利息，一個要付當年所得稅，一個可以延後付稅，你看：

假定你每年的付稅率是 28%，有 2 萬元存定期存款（CD），每年得 6% 的利息，付 28% 的稅，同樣 2 萬元存到年金，也是 6% 的利息，但可以延稅：

5 年：定存內有 $24,812 元，年金內有 $28,641 元

10 年：定存內有 $30,783 元，年金內有 $36,388 元

20 年：定存內有 $47,379 元，年金內有 $66,204 元

都是 6% 的利息，付稅和延稅之間 20 年相差 $17,543 元！

如果定期存款利息 4%，年金利息 6%，付稅和延稅之間的差距是：

5 年：定存內有 $23,094 元，年金內有 $26,977 元。

10 年：定存內有 $26,666 元，年金內有 $36,388 元。

20 年：定存內有 $35,554 元，年金內有 $66,204 元。

利息相差 2%，付稅與延稅之間 20 年相差 $28,853 元！

你把錢存到「浮動年金」裡，由專業投資公司的經理人才幫你去投資共同基金，24年平均以10%上下的利息計算，每7年翻一倍（利息是浮動，不是保證）。40歲2萬，47歲4萬，54歲8萬，61歲16萬，68歲32萬。這時以32萬的本滾利，每年平均提取10%的利息，這10%的利息要付當年所得稅，那時因為沒有收入，稅率就低多了。

萬一中途死亡，「浮動年金」裡的錢給你指定的受益人配偶或兒女，受益人拿到這筆錢要付稅，付稅率的高和低要看怎麼拿這筆錢。

說明：

開浮動年金（VA）帳戶與身體健康沒有關係，不論身體健康情況有多差都可以開VA帳戶。

有些保險公司在你開VA帳戶時不收手續費，但是7年之中（或10,15年）要把錢提出來就會扣銷售費用（Sale Charge），如第1年就要把錢提出，保險公司就要扣7%，第2年扣6%，第3年扣5%，第4年扣4%，第5年扣3%，第6年扣2%，第7年扣1%，第8年後提錢就一毛不扣。

每一年你可以借用10%，這10%保險公司不扣銷售費用。如果不到59歲半，借用這10%的錢會被聯邦政府割10%的割款還得付稅。

浮動年金是給你退休養老用的，因而在稅法上給你賺錢延稅，退休拿錢時，因為沒有收入而減低付稅率的好處，有好處就有限制。

浮動年金不是給你常銀行用的，所以你開浮動年金帳戶時，一定要有「這是退休養老金」的概念！

如果你從35到45歲，10年裡陸續存入浮動年金中3萬元，年金內賺了4萬利，本利共7萬，這時你拿出$25,000元，這$25,000元國稅局視為收入要付當年所得稅，還要割款10%（死亡與殘障提錢不割）。

中途解除合約把錢全部從浮動年金中提出來，這拿出來的錢包括再投資所賺的錢，這筆錢的一部份被國稅局視為返還本金而不扣稅，多出來的部份要按現在收入課稅。

到你退休以後從浮動年金中拿錢，有一部份被國稅局視為返還本金而不徵稅，關於這一部份，國稅局有一份計算表來計算。舉例：

你從年金中一年收入6千元，國稅局計算出你有4千元是返還本金$6,000-$4,000=$2,000，這2千元要付稅。

法規對共同基金有嚴格的管制。證券交易管理委員會（Securities & Exchange Commission）負責管理和執行 1933 和 1944 聯邦所定的債券法規。一環扣一環。因此很安全。

共同基金投資股票，股票市場有賺有賠，因此共同基金是有風險的（Rick）！

共同基金名稱：

中美共同基金

此一基金不能買賣股票（Stocks）和債券（Bonds）

因此，要委託投資公司

投資公司是：

　　　Janus 或是 Fidelity 或是 Putnam 或是 T-Rowe Price 或是……可以委託一家，也可以委託好幾家。

投資公司可以買賣股票和債券，但是不能經手錢。

因此，要委託一家監護銀行

這家銀行是：

Bank of America 或是 Wells Fargo 或是 Citi Bank……

這是分開帳戶（Separate Account），帳戶內的錢屬於中美共同基金，有專業人員管理，與銀行的錢沒有任何關連，只是用這家銀行收錢和付錢而已。

投資公司賣出股票或債券，由這個帳戶收錢，專人登記張三、李四、王五……各人賣出多少股。

投資公司買進股票或債券，由這個帳戶付錢，同時專人登記張三、李四、王五……各人買了多少股。

共同基金結合 ANNUITY（年金）

你把錢存入年金裡，賺出來的錢延後付稅，到 59 歲半拿錢的時候才有稅。年金最多可以存入 100 萬。

35 歲，一次存入	$10,000	**45 歲**一次存入	$20,000	**55 歲**一次存入	$100,000
以後每個月存	$300		$400		$300
一共存	30 年		20 年		10 年
共同基金平均回報	12%		12%		12%
付稅率	0%		0%		0%
65 歲你帳戶內有	1,407,986		$613,553		$399,050

年金很有彈性，有錢就存，沒錢可以不存，不必每年都存，今年有 1 萬存 1 萬，有 2 萬存 2 萬，或是每個月存，這個月存，下個月存，再下個月不想存，可以不存，你想什麼時候存就存。

注意：

你要把錢存入年金，你開一張支票 Pay to 哪一家人壽保險公司，並把你年金的帳號（Policy No.）寫在支票上，然後寄到那家人壽保險公司，信最好用雙掛號有收條寄回給你，你確知公司已經收到你的錢了。用 Money Orede 或銀行支票，也是這樣。

退休時如何使用「浮動年金」

65歲退休了，你在「浮動年金」內累積出來的錢，可以用下列4種方式提取：

1、固定錢數

一般人都採用這種方式拿錢。若你選每個月固定要拿$1000元，基金每個月就固定賣出1千元的股票，將1千元給你，股票升值就少賣幾股，股票跌價就多賣幾股，股票所得的紅利超過1千元就一股都不需要賣。

2、固定股數

這種拿錢的方式也很普遍，選每個月固定賣多少股，比如選每個月固定賣100股，共同基金每個月就賣100股，正好這個月股票漲價，100股賣了$2000元，你就拿2千元，下個月股票跌價，共同基金照樣賣100股，100股賣了$1200元，你就拿1千2百元。

3、固定百分比

假定你在「浮動年金」內有一萬股，選每個月固定賣5%的股票，共同基金就每個月賣你持股數的5%。開始拿錢那一個月，你一萬股的5%是500股，這五百股碰上股票漲價，賣了$4000元，你就拿4千元，碰上股票跌價，賣了$2000元，你就拿2千元，下個月你有9500股，9500股的5%是475股，共同基金就賣475股，再下個月，你有9025股，賣5%是451.25股。

4、固定期限

如果你選10年拿完，第1年共同基金把你「浮動年金」內有的股數賣掉10分之1把錢給你，第2年賣掉9分之1把錢給你，第三年賣掉8分之1把錢給你，到第10年全部拿完。

以上4種拿錢的方式是很有彈性的，你要用那一種方式拿錢都可以，中途不喜歡可以隨時改變符合你的要求。

EQUITY INDEX ANNUITY（簡稱 EIA）
保証只賺不賠

EIA.的中文是指數年金，也是 2000～2003 股市大跌後出來的產品。你在保險公司開一 EIA.帳戶，保險公司把你存入 EIA.中的錢拿去連接 S&P500。在你開 EIA 帳戶之前，該弄清楚：

你在銀行存 3～5 月日常開銷是正常的，除此之外的閒錢應該存入高回報、沒風險、賺錢延後付稅的 EIA.帳戶內，時間可以使 EIA.帳戶內的錢變成大錢！使你老的時候不會因為沒錢而窮困潦倒！EIA.是現在唯一可以使你累積現金-小錢變大錢的方法。EIA.的優點：（這是 A 保險公司的一種 EIA 產品）

存錢有彈性（Flexibility）

有錢多存，錢少少存，沒錢不存。可以每個月存，也可以半年或一年存，隨時有錢可以存。

保證只賺不賠（Guarantees）

你的錢連本帶利每年保證不會低於 0。舉例：

2006 年 1 月 2 日你$10,000 存入 EIA. 2007 年 1 月 2 日變成本利$11,000，2008 年 1 月 2 日本利變成$12,000，2009 年 1 月 2 日股市大跌 10%，你的錢$12,000 不動，2010 年股市上升，你的錢本利升到$13,000，只賺不賠。如表所示；

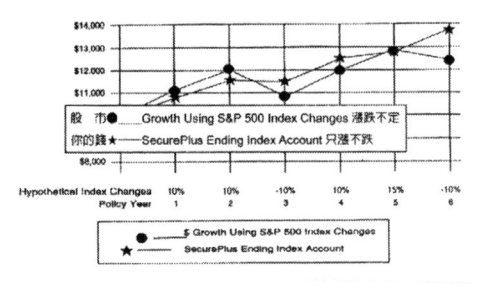

死亡

你在 EIA.帳戶內的錢給你指定的受益人。受益人一次全部拿出來就會而臨重稅。每年拿一部份,稅就低了。

住療養院

錢存入 EIA.一年之後因傷或病住進療養院就可以 100%把錢提走沒有任何手續費及政府罰款。

在家看護

錢存入 EIA.一年之後因傷或病在家看護,每年可以拿出 20%也沒任何手續費及政府罰款。

致命重病

錢存 EIA.一年後發現有致命重病,只有二年可活,也可以 100%把錢拿出來沒有任保費用及政府罰款。

這家保險公司是全世界第 5 大,有 300 年歷史,在美國,IUL 壽險排名第一,EIA.排名第二。

你對 EIA.有興趣,請電 626-353-0196。

建議：EIA.

> 60 歲用 6 年：
> 6 年以後全部提出來沒有手續費。6 年之內就有手續費。
>
> 50~55 歲用 10 年：
> 10 年以後全部提出來沒有手續費。10 年之內就有手續費。
>
> 50 歲以下用 15 年：
> 15 年以後全部提出來沒有手續費。15 年之內就有手續費。」

外行追熱鬧，內行看門道　你得為「不懂」而付代價

2004 年大家都去投資房了，你也跟進，這是追熱鬧。

你的房子 33 萬買的，頭款 3 萬，借 30 萬，本利加房地稅加火險每個月付出 2 千元，租給 4 個人，每個月收入 $1,500，你付水電費每個月平均 $300，每月貼 $800。

房地產只有在利息「低」的時候才會漲價，1980 年石油危機，汽油從 $0.70 漲到 $1.50 一加侖，於是通貨膨脹上升到 12%，聯儲會用升息抑制通貨膨脹，你在銀行存錢，銀行付你 16% 利息，你向銀行借錢買房子或汽車，你付給銀行 21% 利息，那時房地產公司，貸款公司，公證公司和汽車商倒一大片！1988，1989，1990 利息降低，房地產又一片大好而欣欣向榮。1991 年開始美國經濟衰退，利息上漲，房地產又一片暗淡，一直到 2002 年開始利息下降，於是房地產又熱鬧起來了。如果汽油不能回到 $1.50 一加侖，通貨膨脹肯定會上漲，要抑制通貨膨脹肯定會升息，利息漲到 8%，房地產會跌 10%，漲到 9%，再跌 10% 以上，跟房地產有關的公司又會倒一大片！

你每個月貼 $800，一年貼 $9,600，如果房地產從 2006 跌到 2016，按投資平均回報 8% 計算，10 年連本帶利你就貼進去 13~14 萬，到了 2016 年，你的房子賣 50 萬，扣除本錢 33 萬，13 萬貼進去的錢，房地產經紀佣金，房子過戶手續費，通貨膨脹和稅，你不但沒有因為買房子而保值，還賠錢！

如果你懂，你把 3 萬元頭款存入 EIA. 每個月貼進去的 $800，拿出 $600 存入 EIA. 投入 S&P500 中的 Equity Index，10 年平均回報 8%，每年投資賠了，保證付你 2% 利息，舉例：你一萬元存入 EIA. S&P500 虧了 10%，保險公司保證在一萬元的基礎上付你 2% 即 $200 利息，你的錢保證只賺不賠，到 2016 年，你 EIA 帳戶內的錢行 $173,770，這錢結結實實是你的！

聽我專業知識，你可以多賺很多錢，少付很多冤枉錢，你憑「人家說」或常識去投資，數字會告訴你虧大了！

「懂」就開 EIA.帳戶－4 次賺錢機會，沒風險
「不懂」就去買房子出租－1 次賺錢機會，有風險！

經濟學原理 Rule of 72 是說 72÷投資平均回報如 8%等於你的本錢每 9 年增加一倍，平均回報如 10%等於你的本錢每 7 年增加一倍。

1972 年舊金山日落區的房子 3 萬元一棟，2007 年賣 85～90 萬，35 年按 Rule of 72 公式，平均回報扣除售屋佣金及稅，實際只有 9%上下。

1985 年日落區的房子漲到 15 萬一棟，2007 年還是賣 85～90 萬，扣除售屋佣金還銀行貸款及付稅，平均回報只有 7%上下。

2007 年你用 85 萬買這棟房子，20 年後平均回報有 5%就不錯了！

買房子就是希望房子增值，10 萬買的房子漲到 30 萬，這漲出來的 20 萬就是 Equity（淨值）。碰上經濟衰退或利息上升房子就會貶值，30 萬買的房子，市值降到 25 萬或 25 萬以下。因此房子是高風險，土地是更高的風險投資。

2005 年發明出來 EIA.是把錢連接到 S&P500 到 1000 家大公司的淨值（Equity）上；公司有工廠和大樓、有產品，有專利權，有名聲，這 4 樣就是公司的淨資產（Equity），但不是公司的股票！

S&P 500 是由 John Bogle 先生於 1957 年 3 月 5 日創始，至今剛好 50 年，50 年的平均回報是 11.71%，按 Rule of 72，你的錢平均 6 年一倍！

你買一棟市價 25 萬的房子出租，10%頭款$25,000，借$225,000，年利 6%，30 年付清，每月貸款利息、房地稅、火險要付$1500，出租是$1,200，每月貼$300，加上房客不付房租、房客搬走整修等費用，少說最少 10 年才能打平。也就是說買了一棟房子 10 年賺不到錢還得賠錢，10 年以後只是不賠但還是沒賺錢。

我把買房子的$25,000 及每個月賠的$300 存入只賺不賠、賺錢延後付稅 EIA.連接 S&P500，扣除管理費平均回報 10%，每 7 年一倍。30 年翻 4 次多倍，假定 35 到 65 歲，我的$25,000 成為 50 萬上下，每個月賠$300 共 10 年、10%回報，我 EIA.帳戶內有$67,000，以後不存了，這 6 萬 7 千元翻 3 次也有 50 萬上下了，到 65 歲我 EIA.帳戶內有 100 萬現金！這是小錢變大錢啊。

「懂」了就開 EIA.帳戶，「不懂」就去投資房子。二樣都是長期投資，「懂」和「不懂」就決定你的錢多或錢少。

離開公司應該把 401(K)的錢轉入
個人（personal）IRA 自己看著

不論你以甚麼理由離開現在工作的公司，你的 401(K)就應該隨你離開公司而轉入自己個人 IRA 帳戶內自己看著。個人 IRA.只准許 401(K)內的錢轉入此帳戶，其它的 IRA.錢不准存入此一個人（personal）IRA.帳戶內！

401(K)是把你每個月抵稅的錢投資在幾十家或百家公司的股票上，這是 Mutual Fund（共同基金），股市高高低低也許賺也許賠，所以共同基金是有風險的（Risk）。如果 1999 年共同基金內有 10 萬元，2000、2001、2002 年股市連跌 3 年，你 10 萬元變成 5 萬元了！

共同基金不論賺賠都有管理費，個人 IRA.只有賺錢才有 1.5%-2.25%的 CAP 費用如賺 10%，公司拿 1.5%，你拿 8.5%。共同基金不保證，指數個人 IRA.保證只賺不賠！10 年下來，你 401(K)內的錢比個人 IRA.帳戶內錢要「少」的機會很大！如果是 35 到 65 歲，30 年下來差距恐怕會更大！

指數個人 IRA.是把你的錢連接到 S&P500，這是 500 家大公司淨資產包括工廠和大樓、產品、專利權和名聲，但不是股票。S&P500 於 1957 年 3 月 5 日成為投資項目以來至今已有 50 年歷史，這 50 年平均回報是 11.71%，是高回報的投資項目。

2000-2003 股市大跌，大家一聽共同基金就怕了，所以從 2005 年開始保險公司推出這種保證只賺不賠的指數人壽保險（EIUL）和指數退休養老計劃（EI.Pension Plan）。

從付清的房子再貸款轉存入 EIA.
可以使你多賺很多錢少付很多冤枉稅！

你今年 45 歲，房子付清，現在市價 40 萬。先生過世的時候，人壽保險公司賠了 10 萬，加上多年省吃儉用，有 40 萬儲蓄存款。有一個女兒 17 歲，明年要上大學。

你從儲蓄存款 40 萬中取出 20 萬存入高回報，沒風險，只賺不賠，賺錢延後付稅的 EIA.帳戶中去連接 S&P500。按 Rule of 72 經濟學原理，S&P500 平均回報 10%（50 年平均回報 11.71%），72÷10=你的錢 7 年就增加一倍；45 歲 20 萬，52 歲 40 萬，59 歲 80 萬，66 歲 160 萬，餘下的 20 萬做為女兒 4 年的大學教育費。

你年收入 8 萬元，除了房地稅，你及女兒的撫養額可以抵稅之外，你沒有抵稅的項目，因此你的付稅率高達 35%。

你再用房子貸款 20 萬，付銀行 6%的利息，30 年付清，每月付$1,200，這$1,200 可以抵稅，這使你每年的付稅率下降。用房子貸出來的 20 萬也存入 EIA 中，這筆「死錢」變成活錢，假定也是 10%回報，到你 66 歲時同樣有 160 萬。你 66 歲有 320 萬可以過一個舒適的退休生活。

只要你會利用 EIA.你的錢會增大，你的付稅率會降低。你不會利用或知道了也不去利用 EIA.你的付稅率居高不下，錢也是「死錢」。

離職後應該把公司的 401（K）
轉到個人 Index IRA. 減少損失。

請看 2010 年 9 月 6 日
世界日報財富人生 G12 版頭條報導

用 EIA，使小錢變大錢

30 歲，每個月存入 EIA.帳戶中$300，保守估算 S&P 500 在 35 年中投資回報 8%，到你 65 歲時，你 EIA.帳戶內有$646.906。40 歲，你每個月存入 EIA.中$400，到 50 歲，每個月存入 EIA.中$500，以平均 8%投資回報估算，65 歲時，你 EIA.帳戶裡的錢有 100 萬上下。

美國賺錢付稅，花錢付稅，存錢也要付稅，死了還得再付稅，這麼重的稅，使我們不容易存夠退休養老的錢。EIA.可以使我們小錢變大錢！

Year	Hypotetical Rate of Return	Annual Contributions	Account Value
1	8.0000%	$3.600	$3,754
2	8.0000%	$3.600	$7,809
3	8.0000%	$3.600	$12,188
4	8.0000%	$3.600	$16,917
5	8.0000%	$3.600	$22,024
6	8.0000%	$3.600	$27,540
7	8.0000%	$3.600	$33,498
8	8.0000%	$3.600	$39,932
9	8.0000%	$3.600	$46,880
10	8.0000%	$3.600	$54,385
11	8.0000%	$3.600	$62,490
12	8.0000%	$3.600	$71,243
13	8.0000%	$3.600	$80,697
14	8.0000%	$3.600	$90,907
15	8.0000%	$3.600	$101,934
16	8.0000%	$3.600	$113,842
17	8.0000%	$3.600	$126,704
18	8.0000%	$3.600	$140,594
19	8.0000%	$3.600	$155,596
20	8.0000%	$3.600	$171,798
21	8.0000%	$3.600	$189,296
22	8.0000%	$3.600	$208,194
23	8.0000%	$3.600	$228,604
24	8.0000%	$3.600	$250,646
25	8.0000%	$3.600	$274,452
26	8.0000%	$3.600	$300,162
27	8.0000%	$3.600	$327,929
28	8.0000%	$3.600	$357,918
29	8.0000%	$3.600	$390,305
30	8.0000%	$3.600	$425,284
31	8.0000%	$3.600	$463,061
32	8.0000%	$3.600	$503,860
33	8.0000%	$3.600	$547,923
34	8.0000%	$3.600	$595,511
35	8.0000%	$3.600	$646,906

時間也是賺錢的一大要素

從 1976 年 8 月 31 日起到 2003 年 12 月 31 日止，S&P 500 在這 27 年中的投資平均回報率是 12.34%，按照 Rule of 72÷利息=錢多少年變一倍。72÷12=6 年一倍。

投資回報和付稅率一樣，但是開始存錢的年齡不同，結果也大大不同，你看 30、40 和 50 歲投資避稅到 60 歲止，其 EIA.帳戶內錢的變化。

	30 歲	40 歲	50 歲
第一次存入	$10,000	$20,000	$100,000
以後每個月存入	$300	$400	$300
一共存了多少年	30	20	10
S&P 500 平均投資回報	12%	12%	12%
付稅率	0%	0%	0%
到 60 歲 EIA 帳戶內有	$1,407,986	$613,553	$339,050

你對這樣的年金產品有興趣嗎？
LA 626-353-0196　NY 917-566-8879

歲	一次存入	65 歲每年拿，拿到死	70 歲每年拿，拿到死
60	$200,000	$14,721	$19,536
60	$500,000	$36,803	$48,848
60	$1,00,000	$73,605	$97,696

60 歲，一次存入 20 萬，65 歲開始每年拿$14,721，拿到 95 歲死亡，拿了 30 年，$14,721 X 30 年＝拿了$441,630，保險公司連本帶利都給你了，所以過世的時候就什麼都不給你了。如果拿了七年，$14,721 X 7 年＝$103,047，剩下的錢給你指定的受益人。

SEP.（Simplified Employee Pension Plan）IRA.

　　你作自己的生意（Self Employee），沒有公司，如買賣房地產今年賺了$200,000，你可以為自己設立一個 SEP. IRA.，最高金額是淨收入的 20%，2013 年是$51,000，可以抵稅，如果你第二年沒賺什麼錢，你也可以不存錢。

　　你是公司老闆，從公司賺的盈餘中拿出 25% 存入自己的 SEP. IRA.中，你也得為你所有員工存入他們年薪的 25%，SIMPLE 和 SEP. IRA.是 100% 的 VESTING，員工離職可以 100% 帶走。

領薪水的人可以用 ROTH IRA 為自己存錢養老

Roth IRA 是給高收入人用的

1. 單身未婚男女，年收入$95,000 以下，最高可以存入 Roth IRA 裡$2,000 元，但這二千元是付過稅以後的錢進入 Roth IRA（不能抵稅）。年收入$95,000 以上到$110,000 之間則不能存入 Roth IRA 中二千元，要減少，收入超過十一萬不准有 Roth IRA。

   夫妻聯合報稅，年收入$150,000 元以下可以存二千元到 Roth IRA，$150,000 到$160,000 之間要減少，十六萬元以上不准開 Roth IRA。

2. 因為是付過稅以後的錢存入 Roth IRA，只要存滿五年，年齡已經到五十九歲半的時候，從 Roth IRA 中拿錢沒有稅。若是沒有存滿五年，年齡也不到五十九歲半，從 Roth IRA 中拿錢，會被聯邦政府罰 10%，州政府罰 2.5%，在 Roth IRA 內的錢跟你當年的收入合併報稅。

   要開 Roth IRA，你在心理上要有存十年的準備，因這是長期性的儲蓄。

注意：Roth IRA.和傳統 Traditional IRA.之間的不同。

2006 年你 30 歲，先付$300 給國稅局開一個$2,000 Roth IRA.以後賺出來的錢不付稅。就以這$300 稅來計算，到你 66 歲時，你知道你白白損失了多少錢嗎？

開一個傳統的 IRA.就可以不付這$300，國稅局准許你用這$300 去投資 S&P500 賺錢，投資回報率平均每年 8%，按 Rule of 72 公式，你的$300 每 9 年一倍，到 2042 年你 66 歲退休時，你損失了$4,800，如果投資回報率每年平均 10%，你就損失$10,000！這只是 2006 年一年的$300，你先去付稅了，你因為先付稅而損失這麼多！以後還有 35 年呢，

你豈不是損失慘了！

老闆及主要股東用 Split Dollar 來為自己存退休養老金

假定你的公司今年賺了2萬，這2萬元公司以 Bonus 給你，公司可以不付稅（Tax rid off）；但是，你的付稅率會從15%跳到28%或33%。這樣：

1. 公司付15%的稅即3千元，有$17,000元貸款給你。
2. 你把這$17,000元存入你指數基金投資儲蓄人壽保險（Equity Index Universal Life）保單內，這樣你個人的付稅率不變，投一個100萬或100萬以上的人壽保險，這樣高的保額能使公司每年貸款給你的錢存入你的保單裡，而不超過國稅局規定的標準。
3. 當公司需要錢時，你可以從保單中借出給公司用。（記住：這是公司的錢，你個人絕對不可以借用！）
4. 你個人只能借用保單內的利息部份。如保單內本金5萬，這是公司的錢，你個人不能借用，生利息2萬，你個人要用錢，只能從保單中借用利息2萬用。
5. 第2年公司賺了3萬元，付15%的稅是$4,500，$25,000貸款給你，再存入你的保單中……每年如此。這樣可以使你個人少付13%或19%的稅以外，保單內還產生出8%、9%或15%的利息，最低保證付2%利息。
6. 如果你去世，公司收回他為你存入保單中的本金，你的受益人可以拿到保單的利息部份及100萬或100萬以上的保險公司理賠。這使你的家人生活有保障。
7. 如果公司每年賺2萬，付15%的稅$3,000，而將$17,000貸給你存入你的（Equity Index Universal Life）保單裡一共20年，總共34萬，這時你65歲要退休了，這34萬還給公司，你拿利息部份做為退休養老金。

如果公司把這34萬送給你，公司可以抵稅（Tax deduct），而你要付收入所得稅（Income Tax）。

如果你不願意在退休的時候

過老而窮愁潦倒的生活

請仔細想想……

> 年輕的時候慾望很高,不知節省。
> 年老的時候就會窮苦。
> 年輕的時候慾望低一點,節省一點,
> 年老的時候就會生活得舒服一點。

常言說:「十年河東,十年河西」,人在「河東」的時候,財源廣進,那時不會想到自己可能會有「河西」的一天,於是:

買一棟房價 70 萬的房子,20 萬頭款,開 Benz560,爽!意氣風發!有成就!有面子!

你聽過「人無千日好,花無百日紅」這句話嗎?你一定聽過「人算不如天算」這句話,沒有人能預測「天算」的變動,所以英諺說:「一兩預防勝於一磅治療 One ounce prevention better then a pound cure」。

你在「河東」的時候,要記得這些睿智的話,為自己預留後路;

現在買得起 70 萬元的房子,改買一棟 35 萬元的房子,10 萬元頭款,另外的 10 萬元存入「指數年金」以備「河西」,以平均 8%的投資回報計算,每 9 年翻倍,平均 12%回報,6 年就一倍。

8%		12%	
45 歲	$100,000	45 歲	$100,000
54 歲	$200,000	51 歲	$200,000
63 歲	$400,000	57 歲	$400,000
		63 歲	$800,000

從 45 歲到 62 歲,隨便哪一個年齡,一旦遇上「天算」使自己處於「河西」的境界,你在「指數年金」內的錢就是你的後援,只看「河東」,沒想到「河西」,一旦敗入「河西」境界,爽、意氣風發、成就和面子就都沒了!

你今年 45 歲，2000 年以$75,000 買一部 Benz 320 SE，一次付清，到 63 歲時，這部車已經不值錢了！

慾望低一點，以$40,000 買一部 Lincoln Town Car 也很高級了。

把多出來的$35,000 存入 Equity Index Annuity 裡，平均產生 8%的利息，每 9 年增加一倍，12%的利息，每 6 年增加一倍。

8%		12%	
45 歲	$35,000	45 歲	$35,000
54 歲	$70,000	51 歲	$70,000
63 歲	$140,000	57 歲	$140,000
		63 歲	$280,000

Benz 320 SE 每個月付 Lease 租金$1,100，共 3 年。

Lincoln Town Car 每個月付 Lease 租金$600，把多出來的$500 存入 Equity Index Annuity 一年$6,000

8%		12%	
45 歲	$6,000	45 歲	$6,000
54 歲	$12,000	51 歲	$12,000
63 歲	$24,000	57 歲	$24,000
		63 歲	$48,000

64 歲又$24,000 或$48,000，65 歲又$24,000 或$48,000 以複利計算，三年就是 7~14 萬啊！

你 45 歲，投資第二棟房子出租，我們來算一下：

房子$200,000，頭款$50,000，向銀行借$150,000，年利 8%，30 年貸款，每個月利息+房地稅+火險，要付$1,400 上下。出租$1,400 沒賠沒賺，（投資$50,000 回報率是 0），30 年付了$504,000，全是房客幫你付的（非常順利，而且不要修理、保養）。

按 5%通貨膨脹計算，Rule of 72÷5=每 14.4 年房價漲一倍。

45 歲	$200,000
59 歲	$400,000
73 歲	$800,000（這棟房子或許可以賣八十萬）。

當你急需用錢的時候，你得賣房子，碰上房地跌時就得折價賣！

不買房子，把$50,000 存入 Equity Index Annuity 裡，平均產生 8%利息，每 9 年一倍，12%利息，每 6 年一倍。

8%		12%	
45 歲	$50,000	45 歲	$50,000
54 歲	$100,000	51 歲	$100,000
63 歲	$200,000	57 歲	$200,000
72 歲	$400,000	63 歲	$400,000
		69 歲	$800,000
		75 歲	$1,600,000
（這是結結實實的現金）			

你看我說的有沒有道理

1996 年是 2.8 個人工作付的社會安全養老金養一位退休老人，已經證明老人多年青人少了，20 年後將變成一個人工作養一位退休老人，那時要賣房子的老人更多，而要買房子的人更少。從現在開始房子就呈現供過於求的情形，投資房子所得投資回報率會很低的。

領薪水的人要好好利用「指數基金投資儲蓄人壽保險 IUL」來為自己多賺錢不付稅積存退休養老金

30 歲，男，不吸煙，每月存 $300 元，存到 65 歲。

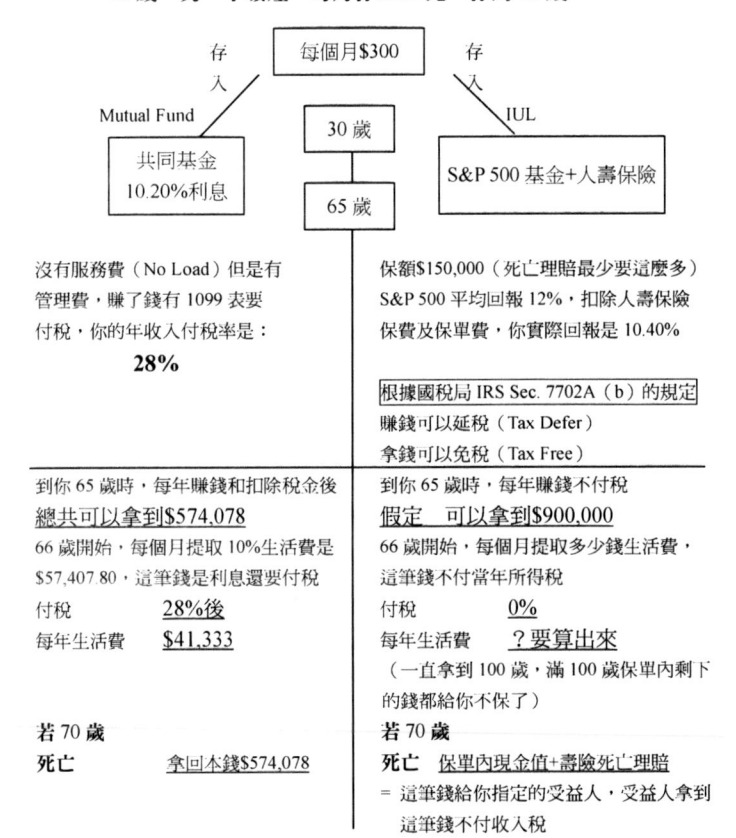

```
                        每個月$300
              存入   ┌──────────┐   存入
          ┌─────────┤           ├─────────┐
    Mutual Fund     └──────────┘           IUL
    ┌────────┐      ┌──────────┐      ┌──────────────┐
    │ 共同基金 │      │  30 歲    │      │S&P 500 基金  │
    │10.20%利息│      └──────────┘      │  +人壽保險   │
    └────────┘      ┌──────────┐      └──────────────┘
                    │  65 歲    │
                    └──────────┘
```

沒有服務費（No Load）但是有管理費，賺了錢有 1099 表要付稅，你的年收入付稅率是：**28%**	保額$150,000（死亡理賠最少要這麼多）S&P 500 平均回報 12%，扣除人壽保險保費及保單費，你實際回報是 10.40%
	根據國稅局 IRS Sec. 7702A（b）的規定 賺錢可以延稅（Tax Defer） 拿錢可以免稅（Tax Free）
到你 65 歲時，每年賺錢和扣除稅金後總共可以拿到$574,078 66 歲開始，每個月提取 10%生活費是$57,407.80，這筆錢是利息還要付稅 付稅　　　　**28%後** 每年生活費　　**$41,333**	到你 65 歲時，每年賺錢不付稅 假定　可以拿到$900,000 66 歲開始，每個月提取多少錢生活費，這筆錢不付當年所得稅 付稅　　　　0% 每年生活費　　？要算出來 （一直拿到 100 歲，滿 100 歲保單內剩下的錢都給你不保了）
若 70 歲 死亡　　　拿回本錢$574,078	若 70 歲 死亡　保單內現金值+壽險死亡理賠 ＝這筆錢給你指定的受益人，受益人拿到這筆錢不付收入稅

註：利息是假設（Assumption）不是保證（Not guarantee）

用 C.R.T. 避過財產增值稅及遺產稅

增值稅（Capital Gain Tax）是 30%，聯邦拿 20%，州拿 10%。

如果你在 1970 年 40 歲那一年用 5 萬元買一棟房子，在 1997 年 5 月 7 日以後，67 歲那一年把房子賣了 70 萬，你賺了 65 萬，根據稅法規定，你在這棟房子裡住滿 2 年，1997 年准許你們夫妻有 50 萬元可以不付稅，再減 5 萬元本錢，再減賣房子佣金，多出的錢才付增值稅。

美國的稅法認為你在有生之年所賺的錢是從社會中賺來的，所以死後把錢還回給社會，你自己還回給社會就用 C.R.T. 在稅法上給你好處。你自己不還就徵遺產稅，遺產稅從 37% 抽到 55%。

你的房地產、股票、生意、現金等值	遺產稅
$750,000	39%
$1,000,000	41%
$1,500,000	45%
$2,000,000	49%
$3,000,000	55%

從 1960 年開始，50 年來遺產稅修正 19 次，2014 年遺產稅最高抽 40%。

什麼是 C.R.T.

C.R.T. 的英文全名是 Charitable Remainder Turst，就是你在有生之年先立好這個 Turst，在你死後把你 Turst 裡的各種股票、生意、現金及房地產所變賣的錢捐給你想要捐的慈善機構如孤兒院、慈濟功德會、大學、醫院等。

假定你 70 歲，你所擁有的房地產都付清了（仍有貸款的房地產不能設立 C.R.T.），股票也很值錢，生意也可以賣很多錢，全部資財加起來淨值 200 萬元，你設立了 C.R.T 把房地產、股票和生意都進入了 C.R.T.，再從 C.R.T 中賣了 200 萬元，這 200 萬元進了 C.R.T. 你不付增值稅。但這 200 萬元你不能動用，因為你已經捐給假定慈濟功德會 50%，UC 柏克萊大學 50%，你只能動用這 200 萬元所產出來的利息。

這 200 萬元，你可以選擇固定年金（Fixed Annuity）或指數年金（Equity Index Annuity），或州、郡、市政府發行的公債（Municiple Bond），選擇固定年金，如果固定年金付你 7% 的利息，你每年保證拿 14 萬元。選擇指數年金，每年看指數基金 S&P 500 賺百分之幾，如果賺的百分比高，你拿錢多，賺的百分比小，你拿錢少，最多也只能拿 7%。假定選固定年金，每年有 14 萬元收入，前 5 年你可以從 200 萬元中得到 17% 的抵稅即 34 萬元抵稅；（年紀小抵稅額低，年紀大抵稅額高）。

第一年收入 14 萬元，用 7 萬元報稅，7 萬元抵稅。
第二年收入 14 萬元，用 7 萬元報稅，7 萬元抵稅。
第三年收入 14 萬元，用 7 萬元報稅，7 萬元抵稅。
第四年收入 14 萬元，用 7 萬元報稅，7 萬元抵稅。
第五年收入 14 萬元，用 8 萬元報稅，6 萬元抵稅。
第六年收入 14 萬元，用 14 萬元報稅。

你也可以：

第一年收入 14 萬元，報稅是 0。
第二年收入 14 萬元，報稅是 0。
第三年收入 14 萬元，用 8 萬元報稅，6 萬元抵稅。
第四年收入 14 萬元，就用 14 萬元報稅。

每年拿 14 萬元，一直拿到你們夫妻都去世，C.R.T.內的 200 萬元就給慈濟功德會 100 萬元，UC 柏克萊大學 100 萬元。

投資在州、郡、市所發行的公債（Municiple Bond Fund），每年所得的利息可以免稅。

這樣一來我的子女沒有錢了嗎？

你可以用那 17%抵稅的 34 萬元，先立一個「不可更改及撤消的人壽保險信託 Irrevocable Life Insurance Trust」，再買一個 100 萬元的 2nd To Die（夫妻二人一個死亡保險公司不理賠，要第二人死亡時才理賠的）人壽保險，假定你在 80 歲那年去世，你太太在 85 歲那年去世，你們的子女可以拿到保險公司的理賠，子女拿到這筆錢既沒有財產稅也沒有收入稅，100%Tax Free！

C.R.T.可以使你避過增值稅和遺產稅，有生之年都有錢花，死了，你所喜歡的機構也拿到你的捐贈，你的子女也會得到你給他們的錢（人壽保險理賠），可以說 3 贏。

沒有 C.R.T.你有生之年可能生活得很清苦，死了，你的財富要付遺產稅，你喜歡的慈善機構也拿不到錢，你的子女因為沒有錢付遺產稅，你的財產將被國稅局強迫拍賣付遺產稅，你的子女也可能拿不到錢，就算拿到錢也要付收入稅，是 3 輸了。

*C.R.T.和人壽保險沒有關係，如果你子女不孝順或是敗家了，你可以不投人壽保險。只有你們夫妻願意留給子女錢才投人壽保險，用人壽保險交換你的財產。這種人壽保險叫做 Insurance Replacement Trust。

不聽專家言，吃虧在眼前

二年前，我曾寫「C.R.T.可以把最差的財務狀況變成最好的財務狀況」，並舉了一個實例：

陳先生41歲，陳太太34歲，兒子2歲。陳先生工作年收入10萬5仟。買了一棟61萬的房子，欠銀行48萬。每月薪水實際拿到手是6、7仟。付掉房子貸款及家庭必需開銷後，不能剩錢，財務狀況很差。

幸而陳先生有九千股股票。每股當時市值$200元，王定和建議他找律師立一個C.R.T.，把股票放進C.R.T.賣出180萬。這筆錢捐給慈善機構，他們不能動用這180萬。因為捐出去了，他們可以用這錢去買美國州、郡、市政府發行的公債。這種公債利息可能高、可能低，也可能賠錢，一般平均每年有6%~7%的利息。賺到這利息的人不用付聯邦稅和州稅。每年陳先生可以多收入11到13萬免稅錢。他的財務狀況可以從「最差」變到「最好」。

工作穩定，我建議他每年投入IUL人壽保險3萬元，買一個八十萬的人壽保險，到他兒子上大學時，保單內有足夠的錢付學費。投資賺的錢不付稅，隨時可以提用，到老了有很多退休金。IUL是投資、避稅、活用、保障、退休養老五合一的人壽保險。每年再存2、3萬到「指數年金」（EIA.），賺錢可以延稅，到59歲半，從EIA.中拿錢才有稅的問題。還有5、6萬免稅的錢可以花。如果公司裁員，陳先生從公債上賺到的利息可以不存到IUL和EIA.，當生活費。

前2年股市大好，我告訴找我做財務分析的朋友說：「公司給您的股票，10年後可能變一仟萬，也可能變成一張廢紙。把握今天立一個C.R.T.賣掉才是真正賺到。」把投資在政府公債賺的錢再轉到IUL和EIA.裡，25年後，陳先生退休時，他有7、8百萬。遺憾的是，當時竟沒有一個有股票的朋友在做C.R.T.。現在陳先生的公司倒了，他失業，當時市值$200元一股的股票現在值$15元。

我花了許多時間去學習和研究各種解決財務問題的知識。2年前沒有聽我意見的朋友，現在很多人都在財務上發生問題，這就是「不聽專家言，吃虧在眼前」！

用 C.R.T. 賣股票不付稅對你多有「利」？

公司送給你的股票現在市值 100 萬，到你 60 歲退休時變成 1,000 萬，賣出最少要付 30%的增值稅，拿到 700 萬，一旦死亡，這 700 萬要再付 55%的遺產稅你拿 350 萬。也可能公司沒了，股票變成一張廢紙！

假定你今年 35 歲，有 4 萬股公司送的股票，現在市值 100 萬，抓住現在，你看對你多有「利」：

找律師幫你設立一個 C.R.T.，然後把 4 萬股股票放到 C.R.T.裡賣掉捐給慈濟、教堂或大學就沒有稅。你不能花用 C.R.T 裡的 100 萬，但你可以找王定和幫你把這 100 萬去買加州的州、郡和市政府發行的公債（Municipal Bond Fund），這種公債基金去年賺 16%，今年賠 7%，明年賺 3%，沒有保證，但十年平均回報率在 6%到 7%之間，賺的錢完全免聯邦和地方稅。假定這 100 萬平均回報率是 6%，你每年就有 6 萬元免稅的錢可以花，但你年薪 15 萬，這 6 萬元對你來說也沒有大用。

王定和幫你把這 6 萬元中的 1 萬 8 仟元存入指數基金投資壽險（EIUL），因為你 35 歲，男，不吸煙，國稅局要你買 60 萬死亡理賠壽險。你 37 歲有小孩，18 歲上大學，你保單中有 106 萬，從保單中拿錢出來供兒女讀大學沒有稅（Tax Free），有急用 12 個月以後從保單中借錢出來沒有稅，中途沒有用到錢，到 60 歲退休時，每年從保單中拿幾萬元也沒有稅，一直拿到 100 歲。如果 80 歲那年去世，保單裡連本帶利 200 萬加上 60 萬死亡理賠共 260 萬給你指定的受益人。

多出來的$42,000 元，王定和幫你存入指數年金（Equity Index Annuity）裡$30,000 元去投資 S&P 500，賺的錢可以延稅（Tax Defer），到你 60 歲退休時從指數年金內拿錢，那時候國稅局有張表查也許 60%不付稅，40%要付稅，你看你的「利」；

每年存入 S&P 500 指數年金$30,000 元，存 25 年，投資回報率假定平均 12%，付稅率 0，到 60 歲時，你指數年金裡有 530 萬！

除此之外，你每年還有 1 萬 3 仟元免稅的錢可以花用，60 歲每年從 Municipal Bond Fund 拿$60,000 元免稅的錢，加上 UL 中拿出來的錢也是免稅，從指數年金裡拿出來的錢如$10,000 則 40%要付稅即$4,000 付稅，$6,000 不付稅，你太有錢了！

有了錢別忘了找律師幫你做生前信託（Living Trust），這是保險箱，一旦去世國稅局碰不到你的錢。要把錢留給子女或付遺產稅請律師幫你做「不可更改的人壽保險信託 Irrevocable Life Insurance Trust」來保護你的錢。

會用 C.R.T. 三贏，不會用 C.R.T. 三輸！

張先生 64 歲過世，張太太 59 歲，一兒一女都已獨立住在外州，張太太 1997 年的財務狀況是：

有二棟房子，出租的房子是 8 萬元買的，已經付清，每個月收租 $800 元，一年 $9,600 元。自己住的房子還欠 7 萬元，7% 貸款。先生過世後有 10 萬人壽保險理賠，這 10 萬存在銀行定期存款，年利 6.5%，一年收入 $6,500 元。全年收入 $16,000 元。

算一算：

16,000 元減去二棟房子每年二季的房地稅 $3,000 元，火險 $1,000 元，自住房付貸款利息 $4,000 元，還剩下 $8,000 元，$8,000 元中扣除個人寬減額後還要付 15% 的稅，每個月平均只有 $500 元的生活費。

如果張太太把出租的房子賣掉 25 萬，賺 17 萬，扣除賣房子佣金和過戶費，還賺 15 萬，要付 30% 的「資本利得」Capital Gain 稅，實得 10 萬元上下，存入銀行定期存款，6.5% 的利息，一年收入 6,500 元，對現在的生活好一點。

用什麼辦法「多賺錢不付稅」？

用張先生人壽保險理賠付清自己住的房子 7 萬元貸款。然後把二棟房子都轉入 C.R.T. 中賣掉，賣 55 萬，扣除賣屋佣金及過戶費還有 50 萬進入 C.R.T. 中，這 50 萬不付稅，在以後的收入中約有 17%，也就是 $85,000 元在未來 5 年的收入中抵稅。

C.R.T. 中的 50 萬存入「指數年金」，這 50 萬張太太不能動用，因為捐出去了。她只能動用 50 萬產生出來的利息，假定年利平均 10%，她只能用 7%。她一年收入 5 萬元，她可以全權支配這 3 萬 5 千元一直到她去世為止。

這麼做的情況是：

一、 張太太在好區每個月 $1,000 租一房一廳的公寓，一年 $12,000 元。

二、 好的醫療保險每個月約 $300 元，一年 $3,600 元。

三、 電、電話、煤氣、汽車保險、汽油、吃飯等加起來每個月 $1,200 元，一年 $14,400 元，全年開銷 $30,000 元上下，一個人生活得很好了。

第一年到第四年用 $30,000 元報稅，第五年用 $45,000 元報稅，全部 $85,000 元抵稅抵完，到第六年每年收入的 $35,000 元要全部報稅。

前 4 年每年多出來的$5,000 元，張太太自己再開一個「指數年金」去滾利，到她更老的時候再用它來彌補通貨膨脹，使自己仍維持好的生活。

如果張太太想給兒女留點錢，她在前 5 年把可以抵稅的$85,000 元，做一個「不可更改的人壽保險信託」每年存到「EIUL 投資儲蓄人壽保險」中$17,000 元，投 30 萬人壽保險，5 年後不存了，到她 85 歲去世，共 25 年，她的兒女可以拿到 66 萬，兒女拿到這筆錢沒有遺囑認證法庭稅（No Probate）的費用，沒有財產稅（No Estate Tax），沒有收入稅（No Income Tax）。

張太太做 C.R.T.可以 3 贏，即她活到去世為止都有好生活，去世後 C.R.T.中的 50 萬捐給她想要捐的慈善機構如孤兒院、教堂、廟寺、大學等，子女領到她人壽保險的理賠也不付任何稅。所以是 3 贏！

以張太太現在的情況不做 C.R.T.，將來一定 3 輸！即張太太的生活因為收入少加上通貨膨脹，會愈來愈苦，一旦去世，兒女又得面對遺產稅和遺囑認證法庭的大筆費用，誰來付？！付不出，財產會被政府強迫賣掉，要國稅局拿夠了才得剩才是兒女的。

慈善機構和她的兒女都得不到好處，所以是 3 輸！

注意：
   做 C.R.T.的先決條件是你所有的財產都付清了，沒有貸款，也沒有欠債才行，有貸款，有欠債要先付清，否則不能做 C.R.T.
有關 C.R.T.的詳情，請向您的律師諮詢

知識決定你是富有
還是貧窮！

大家都要知道 Rule of 72 這個公式

這個公式是說:「你把錢拿去投資賺錢,投資回報率平均 4%,72÷4=你的錢要 18 年才會增加一倍,投資回報率平均 7%,72÷7=你的錢要 10 年才會增加一倍。投資回報率平均 12%,72÷12=你的錢 6 年翻一倍!」

4%回報	7%回報	30 年平均 12%回報
18 年一倍	10 年一倍	6 年一倍
40 歲$1,000 元	40 歲$1,000 元	40 歲$1,000 元
58 歲$2,000 元	50 歲$2,000 元	46 歲$2,000 元
76 歲$4,000 元	60 歲$4,000 元	52 歲$4,000 元
	70 歲$8,000 元	58 歲$8,000 元
		64 歲$16,000 元
		70 歲$32,000 元

Load 和 No Load

　　Load 就是你的錢假定$10,000 元投資共同基金,要付 5%的佣金,即$9,500 元進入共同基金,No Load 是不付佣金,即$10,000 元進入共同基金。但要付 12b-1 費,每年 1%,第一年$10,000 元的 1%是$100 元,第二年增值到$13,000 元,1%就是$130 元,第三年增值到$15,000 元,1%就是$150……到第 20 年,你的錢增值到$100,000 元時,1%就是$1,000 元。長期下來你付的錢比 5%Load 要多得多!

錢存銀行

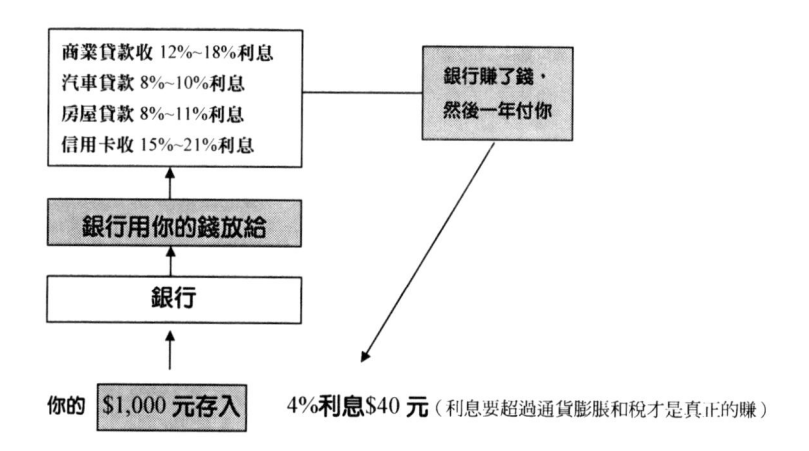

商業貸款收 12%~18%利息
汽車貸款 8%~10%利息
房屋貸款 8%~11%利息
信用卡收 15%~21%利息

銀行賺了錢，然後一年付你

銀行用你的錢放給

銀行

你的 $1,000 元存入   4%利息$40 元（利息要超過通貨膨脹和稅才是真正的賺）

+你有$1,040 元（$40 元利息按你年收入付稅率最少要付 15%稅）
-15%稅，$6.00，你有$1,034
-4%通貨膨脹$40，第二年你實得 994 元
銀行的利息是沒有保證的，1980 年你在銀行存錢，銀行付你 16%的利息，2000 年付你 2%的利息。

按照 RULE OF 72 的公式

72 除以%之幾的利息等於你的錢幾年變一倍

$1,000 元存銀行，4%利息

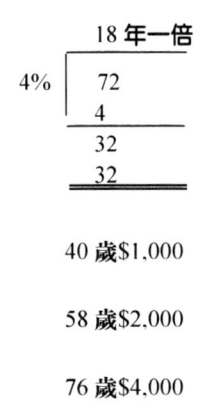

```
            18 年一倍
      ┌─────────
  4%  │   72
      │    4
      │   ───
      │   32
      │   32
      │   ══
```

40 歲 $1,000

58 歲 $2,000

76 歲 $4,000

錢存入銀行最大的風險是稅和通貨膨脹失去購買力。

錢存保險公司

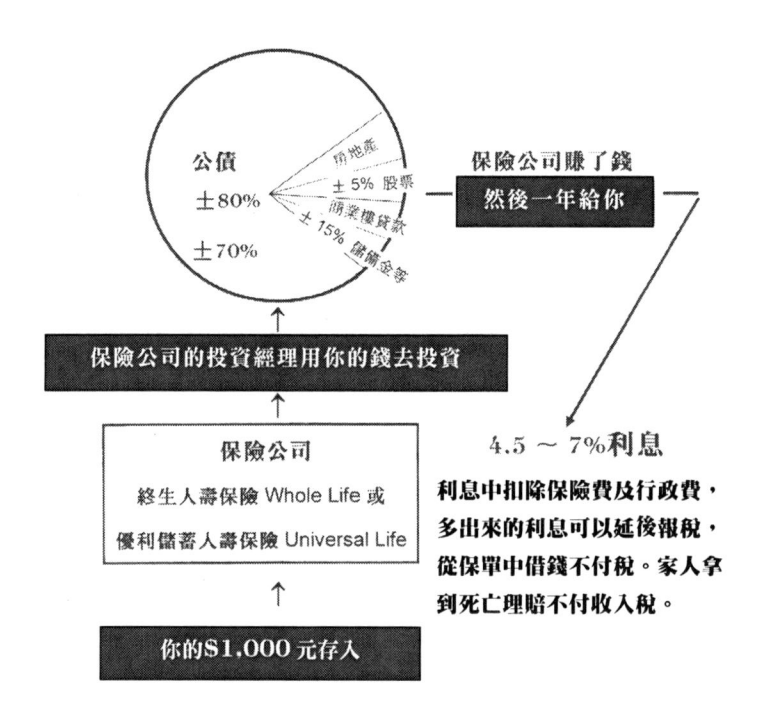

```
         公債
        ±80%          房地產
        ±70%         ±5% 股票
                  商業樓貸款
                   ±15% 儲備金等
```

保險公司賺了錢
然後一年給你

保險公司的投資經理用你的錢去投資

保險公司
終生人壽保險 Whole Life 或
優利儲蓄人壽保險 Universal Life

你的$1,000元存入

4.5～7%利息

利息中扣除保險費及行政費，多出來的利息可以延後報稅，從保單中借錢不付稅。家人拿到死亡理賠不付收入稅。

保險公司賣出來的 Whole Life，其中紅利（Divident）是不保證的，Universal Life 保證付最低 4%或 4.5%的利息。固定年金（Fixed Annuity）是付保證利息的。

```
          10.3 年一倍
     ┌─────────
  7% │  72
     │   7
        ───
        20
        21
        ───
```

40 歲 $1,000

50 歲 $2,000

60 歲 $4,000

70 歲 $8,000

錢存入 Whole Life 或 Universal Life 或

固定年金（Fixed Annuity）同樣會因通貨膨脹而失去購買力

錢存入 VUL 或 VA

錢存入 Variable Universal Life 簡稱 VUL 或 Variable Annuity（浮動年金）簡稱 VA 後去投資在共同基金 Mutual Fund 上，等於你自己直接投資

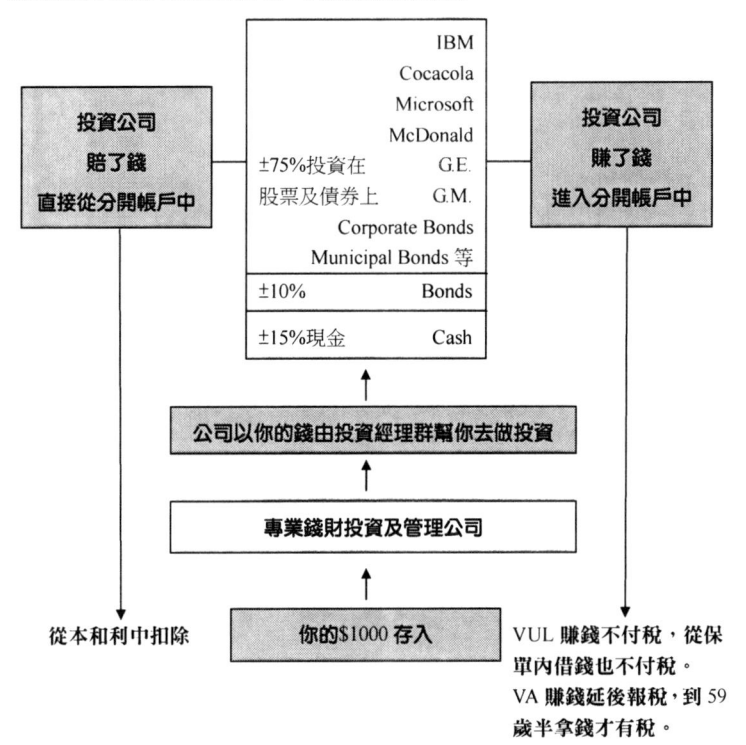

```
                    IBM
                    Cocacola
                    Microsoft
   ±75%投資在        McDonald
   股票及債券上       G.E.
                    G.M.
                    Corporate Bonds
                    Municipal Bonds 等
   ±10%             Bonds
   ±15%現金          Cash
```

投資公司 賠了錢 直接從分開帳戶中

投資公司 賺了錢 進入分開帳戶中

公司以你的錢由投資經理群幫你去做投資

↑

專業錢財投資及管理公司

↑

你的$1000 存入

從本和利中扣除

VUL 賺錢不付稅，從保單內借錢也不付稅。
VA 賺錢延後報稅，到 59 歲半拿錢才有稅。

錢存入 VUL 或 V.A.去投資於共同基金，共同基金是投資股票市場，股票市場是有風險（Risk）的，因此沒有保證利息

```
                    6 年一倍
                 ┌─────────
      12%利息    │  72
                 │  72
```

40 歲 $1,000

46 歲 $2,000

52 歲 $4,000

58 歲 $8,000

64 歲 $16,000

70 歲 $32,000

共同基金 10 年平均回報 12%，從 2000 年股市大跌之後就不敢說了。

年輕，收入高，不怕股市風險的人仍然可以用共同基金賺錢。

賺錢的方法

是的，美國的經濟有大問題！
如果美國垮了，全世界也都跟著垮了，
你的錢不論放在哪裡也垮了！
美國沒有垮倒之前，
你還是用美國方法先賺錢吧！

投資房地產須知

投資房地產（INVESTMENT REAL ESTATE）

如果你有公寓、Shopping Center、倉庫、辦公樓等出租，你就應該有 LLC.（Limited Liability Company），這 LLC.要律師幫你立。保護你的財產。

今天在美國不是誰對誰錯，而是誰有錢，如果你有 LLC.我要告你，我的律師一看你有 LLC.他就不想告了，因為告贏了，我只能拿一個 Charging Order，拿到 Charging Order 只能拿你的紅利，如你每年分到一萬元紅利，我只能拿這一萬元，如果你不分紅利呢？我就什麼也拿不到。

但是國稅局 IRS 認為我拿到 Charging Order 就會拿到你的紅利（事實上你為了不給我錢硬是不分紅利）因此，我就要付一萬紅利的稅，錢拿不到還要幫你付稅，我要這個 Charging Order 幹嘛！至於要打贏官司才收費的律師一看你有 LLC.當然沒有興趣打，趕快跟你和解算了。

總而言之，你有出租的產業，就應該有 LLC.，詳情請教律師。

買房子投資，投資回報率究竟多大？

在投資方面來說，中國人很喜歡投資房地產，認為房地產可以賺大錢。1984 年你在舊金山日落區花$150,000 買一棟房子，2004 年你賣了$650,000，賺 300%。1950 北加州 Fremont 市的 Mission San Jose 學區內 950 尺的小房子只要$10,000，2004 賣$650,000，賺 6,400%！事實上房地產的投資不會超過 8%。

按照經濟學 Rule of 72 的公式計算，即 72 除以百分之幾的利息等於你的錢或是房地產多少年增值一倍。72 除 8%的利息=9 年一倍：

1984 年房子$150,000，1993 年$300,000，2002 年$600,000，2004 年$650,000，這是自住，20 年從賺的錢裡減掉房地稅貸款，售屋佣金，實際賺的低於 8%，如果出租，那就是 Income Property，賺了錢付的稅就更高了，稅高了賺錢的百分比就低了！

1950 年房子$10,000，1959 年$20,000，1968 年$40,000，1977 年$80,000，1986 年$160,000，1995 年$320,000，2004 年$640,000，夫妻住滿二年有 50 萬可以免稅，再加本錢$10,000 共$510,000 免稅，再減 4%售屋佣金$26,000 還有$114,000 要付稅，投資回報還是低於 8%，你$650,000 買的房子要每年賺 8%就難囉！記住，房子是銀行的，付清才是你的。

※ 你的年收入和房子貸款的利率決定你有能力買多少錢的房子

INCOME	Monthly Payment	30 Yr. Fixed 6.000%	Rate Swap 3.625%
$20,000	$467	$77,836	$102,328
$25,000	$583	$97,295	$127,910
$30,000	$700	$116,754	$153,492
$35,000	$817	$136,213	$179,073
$40,000	$933	$155,672	$204,655
$45,000	$1,050	$175,131	$230,237
$50,000	$1,167	$194,590	$255,819
$60,000	$1,400	$233,508	$306,983
$70,000	$1,163	$272,426	$358,147
$80,000	$1,867	$311,344	$409,311
$90,000	$2,100	$350,262	$460,475
$100,000	$2,333	$389,180	$511,638

如何從房地產賺錢？

低買高賣，計算投資回報率：

　　1980 年石油危機，你在銀行存錢，銀行給你 16% 利息，你向銀行借錢買房子，你付銀行 21% 利息，通貨膨脹 12%。跟房地產有關的行業倒一大片！你 $50,000 買一棟房子，出租每月 $600，一年 $7,200，付房地稅 1%，一年 $500，火險一年 $350，賺 $6,350，付 15% 收入稅 $953，你淨賺 $5,397，投資回報率是 10.7%。

　　1988，1989 到 1990 房地產大漲，5 萬的房子漲到 15 萬！你 15 萬買，30% Down $45,000，加上各種費用共 $50,000，向銀行借 $100,000，30 年付清，6% 利息，每月付 $600，房地稅 1% 每月 $125，火險每月 $30，每月收租 $700，不但投資回報率是 0，你每月還得倒貼 $55！1991 年經濟衰退，房地產節節下跌，跌到 2002 年，洛杉磯的房價跌 45%，地價跌 70%。從 2002 年開始，華爾街發明「次級房貸」，誰買房子貸款都行。於是房價節節上漲，2008 年終於漲不動了，Lehman Brother，Washington Mutual 等大銀行倒閉了，要不是美國政府出手救美國商銀（Bank of American）這全美國最大的銀行也倒了！於是房價大跌。很多房子成了淹水屋，30 萬買的房子，現在市價只有 15 萬。

房地產是高風險投資！

自己住的房子，每月付給銀行的利息，房地稅和火險，最好不超過你每月拿到手的 30%

假定你每月拿到手的錢是$3,000，你付到房子上的錢不要超過$1,000，如果你每月付房子貸款利息是你收入的 50%，遇上「事」如公司減薪，裁員，這棟房子就會成為你的美國惡夢！

投資房子保值嗎？

你$170,000 買一房一廳的Condo，20%頭款$34,000，向銀行借$136,000，年利7%，30年付清，出租$800，每個月本利付$950，加上房地稅，每個月付$280，火險及社區費$150，你每個月得貼$580。你貼的起就等下一次利息降低，經濟景氣，房地產漲價。一旦你自己因傷或病，經商失敗，工作不保，離婚等因素而貼不起，又碰上利息上漲，房價下跌，這 Condo 大概就不是你的了！買房地產是高風險投資。

不貸款，$170,000 一次付清，每個月拿$800 房租，$800 減房地稅$280，再減火險及社區費$150，你實拿$370 × 12 個月等于$4,400，投資 17 萬，回報率祇有 2.6%！現在通貨膨脹已經是3.5%了，賺錢不夠通貨膨脹，保什麼值？！投資房地產就是希望房子或土地漲價，這漲出來的錢就叫 Equity。萬一急用，你用漲出來的錢向銀行借 Equity Loan，或是賣房子或土地，那時要看房地產市場是好是壞？！

房地產中 Tax Lien 和 Tax Deed 可以沒風險的賺 18% 到 25%

甚至幾百或幾千元標到房子

房子賣 30 萬,找位房地產經紀(Agent)為你出價(Make Offer)28 萬或 32 萬,誰都會!你知道房地產裡沒有風險卻能賺 18% 到 25% 的 Tax Lien 和 Tax Deed 是怎麼回事嗎?

凡是買了房子的人都知道每年 4 和 12 月要付 2 次房地稅,郡政府(COUNTY)就是靠這稅收來修橋補路,公園整修,警察保護人民安全,消防隊救火等工作,你欠稅,郡政府就沒辦法僱人做這些工作,因此你的名字就會在付稅截止日期後的第 4 年就上欠稅名單,郡政府就會把這欠稅名單公開拍賣(AUCTION)。

如 JOHN DOE 欠$1,000 元稅,郡政府罰 18% 到 25%,你標到他的欠稅,你替他付$1,000 給郡政府,郡政府就給你一份你替 JOHN DOE 付稅的證明(Certificate),在一定的時間內(6 個月,1 年,3 年最多 5 年)如 1 年,在這 1 年內,由郡政府最低罰 18%,JOHN 得付$1,180 給郡政府,JOHN 不付,他的貸款銀行也會在 3 或 4 個月內付$1,180 給郡政府,郡政府把這$1,180 給你,1 年到期還沒有人付這$1,180,郡政府直接查封這棟房子(FORECLOSURE),同時把產權(DEED)給你,你就是這棟房子的屋主了,要自住、要出租、要轉賣悉聽尊便。

買 Tax Lien 或 Tax Deed 可小可大,小到$15 元,大到幾百萬。「沒有風險富有的」作者建議,把精力集中到你熟習的地區,要選好區的獨棟住宅(Single family house),不要選窮人和犯罪率高的地區。這需要你放進時間和心力去研究,至少你得買一幅這一區的大地圖,把你要標的房子的位址先標出來。

如果你想用$10,000 去標 TLC,你應該把這$10,000 分成 6 到 7 份,也就是每標一個 TLC,最好不要超過$1,500,看看哪一種 TLC 對你最有利,直練到熟練。同時量力而為,千萬不要貪多把自己的財務拖垮。

標 Tax Lien 還是 Tax Deed?

在標 Tax Lien 和 Tax Deed 之前,你應該瞭解美國有 50 州,每個州都有郡(COUNTIES),50 個州有 3 萬 3 千多個郡,24 州用 Tax Lien,26 州用 Tax Deed。加州和內華達州都是用 Tax Deed。

Tax Lien 是准許你拿利息,同時給你潛在的產權,向下標,誰少誰得標。舉例:郡罰 18%,你出 17%,我出 16%,他出 15%,……那個人出 5%,那個人得標。

Tax Deed 是把產權直接給你,要往上標,最高的得標,你應該把精力放在用 Tax Deed

的州上。

郡直接賣 Tax Lien 或 Tax Deed，賣不完剩下的就去市場上賣（Over-the-counter），你應該去買市場上的 Tax Lien 或 Tax Deed，往往能找到好貨！法律禁止房地產 BROKER 和經紀（AGENT）賣 Tax Lien 或 Tax Deed 從中賺取佣金，因此你必須具備讀、說英文的能力，沒有辦法靠別人幫你，也許你會讀會說英文的兒女可以幫你。

如果你是受過高等教育的人，你有沒有一種「讀書有知識的人發不了財，而不少財大氣粗的有錢人卻文化和素質都低！」的感慨？

這種 Tax Lien 和 Tax Deed 正好給讀書人一條沒有風險的致富之路。祝好運！

甚麼是 Probate Sale?

當人死亡的時候，所有在他名下的財產都得進遺囑認證法庭（Probate Court），付法庭律師費，行政費和執行費等，這些費用大約是他財產總值的5%到10%，然後再付30%到40%的遺產稅。遺產稅得在 9 個月內付清，付不出遺產稅，他所有的財產就被強迫拍賣後付遺產稅。這種拍賣就是 Probate Sale。

1946 到 1964 是美國嬰兒潮（Baby Boomer）時代，80%嬰兒潮時代出生的人都有不動產，很多人的房地產都是付清的，但是只有 5%的人作了生前信託（Living Trust），這是專門防止付遺產稅用的信託。因為生前信託不會死，所以過世者的所有財產不會進遺囑認證法庭，也就是避過遺產稅，瑪麗蓮夢露，麥可傑克森等人就沒有設生前信託，因此他們過世後，他們所有的財產就會進遺囑認證法庭而被抽遺產稅。有不可更改的人壽保險信託（Irrevocable Life Insurance Trust）的人，其受益人拿到人壽保險理賠後幫死者付清遺產稅，沒有錢付遺產稅的死者，他所有的財產就會被強迫拍賣（Probate Sale）付遺產稅。

你可以上網 probatecourt.com 找你想要買的那個地區，看看有幾棟房子被 Probate Sale？假定你$150,000 標到這棟房子了，只要付 10%頭款即$15,000，這棟房子就是你的了，但你得為死者付遺產稅。

祝好運！

有成就和富有的人過世之後要把一生心血賺的錢財避過遺囑認證法庭和遺產稅就必須明白「生前信託（Living Trust）」和「不可更改的人壽保險信託（Irrevocable Life Insurance Trust）」的重要性！

買房子之前先要瞭解自己的財務安全狀況

在你買房子之前，你應該對自己的情況有全盤的瞭解，不是只憑「我想……」。

張先生和張太太都是 27 歲，張先生剛拿到碩士學位，現在年薪$53,000 元，張太太沒做事，也沒有小孩。張先生得了沒有抗體的 B 型肝炎。他的父母要給他 35 萬元，他要用 20 萬頭款去買一棟價值 40 萬元的房子。以他們現在的情況，他應該：買一棟價值 28 萬的房子，20 萬頭款，向銀行借 8 萬，他每個月拿到手 3 千元，3 千元的 30%，1 千元上下付到房子上去可以抵稅，還有足夠的生活費。

10 萬元存入「指數年金 Equity Index Annity」去投資 S&P 500，10 年保守估計平均回報率為 8%，每 9 年一倍，27 歲 10 萬，36 歲 20 萬，45 歲 40 萬…至 63 歲有$1,600,000 可以過很舒服的退休生活。

5 萬元存入貨幣市場 Money Market，投一個 25 萬保額的投資、避稅、保障、活用和退休養老五合一的人壽保險。這種人壽保險叫做「EIUL」，每年從貨幣市場轉入 EIUL 中 5 千元，10 年 5 萬元全部轉入 EIUL 中，扣除保費及行政費，多出來的錢投資於 S&P 500 指數基金，平均以 10.40%計算，他 63 歲時，他保單內連本帶利有好幾十萬，賺的錢都免稅，用錢可提前。張先生必須要有人壽保險，因為他得了自身沒有抗體的 B 型肝炎，這種肝炎讓人英年早逝的機會大過正常人很多倍。因為愛滋病的關係，現在很多人壽保險公司只要投保 10 萬元以上就要驗血，只要驗出 B 型肝炎就拒保，也留下記錄，所有的人壽保險公司一查此一紀錄也會同樣拒保。目前很少很少的幾家人壽保險公司投保 30 萬人壽保險不需要驗血。

假定：

張先生在 50 歲因肝病而過世，他的人壽保險單內連本帶利是 27 萬加 25 萬人壽保險理賠共 52 萬元給他家人，他家人用這筆錢付清房子貸款後還有很多錢，此外他在浮動年金內有 160 萬，401K 內也有錢，他的家人每年拿多少錢生活費，家人的生活不會因他早逝而遭遽變。如果：

他們去買一棟 40 萬元的房子，20 萬頭款，向銀行借 20 萬，15 萬投入賺錢要付稅的共同基金，付過稅以後的錢要用來補貼到房子及生活上，一旦張先生有變如因病不能工作或死亡，全家人的生活就會遭到遽變！因此，在買房子之前要全盤瞭解自己的狀況是非常非常重要的呀！

紀事報（Chronicle）是舊金山第一大報

3個月後，我在5月20日和4月27日在舊金山「世界日報」工商服務版所說的話就得到印證──只有「想法」而不瞭解「現實」很可能讓你大虧或是沒有「退路」可走！

現實是：

任何一個地區的平均房價在25萬以上，年收入6萬元的人就難以負擔（關於這一點請看下一篇「買房子之前，你要仔細計算」)，以自己的「想法」勉強去買房子，碰上下列現實就是煩！煩！煩！

1. 有工作不等於有能力可以買房子─你有把握你的職業一定很穩定嗎？不會被公司玩 Peter's Principle 的遊戲解僱嗎？公司保證永遠賺錢嗎？公司在激烈競爭之下絕對不會倒閉嗎？這些問題從九〇年代開始發生巨大變化。你買房子之前不考慮這些因素，其中任何一個因素發生在你身上，房子就變成你的惡夢。

2. 買房子容易。但是由於房價太高，工作不穩定及美國嬰兒的出生率太低，這幾大因素使你在賣房子的時候難哪！

3. 美國人的區賣房子時，有各國人來買，市場大，一旦這一區都變成中國人時，你賣房子時就只有中國人來買，市場變的非常小。

1996年8月25日舊金山「世界日報」加州要聞版

無殼蝸牛的苦經

現在有職業的人很多，有職業安全感的人卻少，誰也沒有把握半年、一年之後是否還能保住今天的飯碗。這使人們寧願租房子而不願買房子，租金在短短幾個月內上漲百分之十。

紀事報前天在頭版刊出一大群年輕大婦搶租千元柏文的照片，道盡無殼蝸牛在金山的窘態。較安全的社區，月租動輒一千四、五百元，停車位另加七十五元，較商陋的也在一千零五十元以上。廚房小得可憐，體圍大的主婦，要轉身也不容易。遂使該報記者長嘆：金山真是房東的天堂，房客的地獄！

買屋者少是否追使房價下跌呢？現有數據顯示：下跌的跡象並不明顯，而房貸利率居高難下，完全不能激起潛在買者的興趣。

華府「住宅建築商全國協會」根據一八一處城市四十二萬五千宗房屋買賣所作的分析，指出房價令人買得起的城市如堪薩斯市與明市，多在中西部、西北部與南部。

令人買不起的城市多在西部，尤其是加州。至於金山，則是人們最買不起房屋的城市。

在金山，平均中等人收入六萬一千三百元，而平均房價則為十八萬元。三十年固定利率房貸的月付款，超過收入的半數，勢必使購屋人難以應付其他生活需要。

去亞特蘭大看奧運回來的人：該處房價只得金山的三分之一。換言之，如果你在金山賣掉一幢廿八萬元的房子，在亞特蘭大可以買到三幢更寬敞的房子。想想看，該處的居民竟是這等幸運！

美國聯邦與地方政府的房屋政策，均著眼於低收入家庭及貧戶，為他們興建的國宅最後多為藏垢納污的大本營。我們認為，低收入者的利益固然應該照顧，中等階級的利益何嘗不應該照顧？以往，一個家庭靠一份收入就能仰事俯蓄，現在有兩份收入依然捉襟見肘，看來，這樣的房屋政策已到了非改不可的時刻了。

買房子之前，你更要仔細計算

一旦生活穩定，又有足夠的收入，就考慮要買房子了。買房子之前應該了解下列各種情況：

為什麼中國人聚住的地方，房地產價格就特別貴？

中國人移民到美國的舊金山以後大多數的人要住進列治文區和日落區，到了紐約要住進法拉盛區，到了洛杉磯要住進蒙特利公園市。

1978 年舊金山日落區一棟室內面積 1 千平方尺的房子，只要 5、6 萬元，有些會賺錢的房地產經紀一轉手 7、8 萬賣給香港或台灣來的中國人，很多人不喜歡付銀行利息，不是一次付清就是頭款很大，頭款大向銀行借錢當然容易，等買主發現自己吃了虧，以 10 萬或 11、12 萬賣給後來的中國人。

美國房地產估價師（Appraiser）是根據你要買的這棟房子前後左右 3 條街之內同樣的房子，在 3 個月之內賣了多少錢，3 個月內沒有買賣，6 個月之內賣了多少，依此類推估出你要買的這棟房子多少錢，做為你向銀行貸款的憑據。

你要買的這棟房子，原本 6 萬元，3 個月之內，在前後左右 3 條街之內，有同樣的房子賣了 10 萬元，你要買的這棟房子就表示市價 10 萬元。

不要多，一個區內只要有很少的幾位房地產經紀賺「快錢」，這一區內的房價就節節升高。

再來，舊金山市的日落區和列治文區，紐約市的法拉盛區都是老區，房子有一定的數量，而來到舊金山市和紐約市的中國人都要住進這一區，房子供不應求，這一區的房價非上漲不可！

1978 年舊金山日落區的房價平均 5、6 萬，1983 年漲到 13、14 萬，1988 年漲到 30 萬以上！你看看房價怎麼漲的。

日落區的房主開價 25 萬，買房子的中國人一個比一個亨，張三出（Offer）26 萬，李四出 27 萬，王五出 28 萬搶著買，房價一下子就上到 36、37 萬！

只要是中國人聚住的地區，不論舊金山、紐約和洛杉磯都發生這種情況。

洛杉磯市東邊的蒙特利公園市，號稱小台北，這個市 6 平方英哩，除了上述的問題以外，還有一個問題，那就是南加州缺水。因此，在南加州每一個城市（City）的發展和計劃是按配水人口多少來規劃的。

假定蒙市配 5 萬人口的水，那麼蒙市的學校、交通、垃圾、公園等就按 5 萬人口設計和規劃。

移民到洛杉磯的中國人裡,相當多的人要住進蒙市,蒙市的人口就會超過 5 萬,超過 5 萬人口,蒙市的學校、交通、垃圾等就發生問題,於是市議會通過議案並授權市政府限建,限建使房價上漲。

還有就是學區,只要是有名的好學區,中國人就往裡搬,聖荷西市西邊的庫柏帝諾市(Cupertino),洛杉磯市東邊的喜瑞都市(Cerrito)的學區是一流的,於是中國人就往這裡搬遷,希望自己的子女進入一流學校,將來好讀一流大學。

以舊金山市洛威爾高中(Lowell High School)為例,這是排名全美國 10 大高中之內的學校,進學校的標準是只考英文和數學二科,成績要考到前 50 名才有錄取的機會,該校 3 千多學生中亞裔佔 70%,中國人佔亞裔的 44%。

雖然該校學生個個優秀,但高中畢業後不是個個都能進 UC Berkeley 大學的!在你搬進好學區之前,你仔細的觀察子女是讀書的料嗎?能考進前 50 名嗎?不管,先住進好學區再講,這樣一來,這一區的房價會不高嗎?!

買房子不只是安身立命之所,還得仔細算計

你年薪 5 萬,要養太太和一個小孩,你的付稅率加社會福利約 18% 上下。因此,扣稅及社會福利後拿到手上的是 $41,000 元,$41,000 ÷ 12 個月=每個月$3,416 元。

如果你要買一棟價值 20 萬元的房子,銀行只借給你每年收入$50,000 元中的 30%,也就是$15,000 元,這$15,000 元中還包括一年 2 季房地稅約 2 千元和$300 上下的保險費,每月平均是$1,250 元。

20 萬的房子,你付 20% 頭款 4 萬元,向銀行借 16 萬,年利率 7%,30 年付清!

每個月連本帶利要付$1,064 元,加每月$160 元房地稅,再加每個月$30 元火險費就是$1,254 元,剛好合格,如果利率是 8% 或 9%,你的頭款就要 5 萬或 6 萬才行,你每個月實際拿到手的$3,416 元中的 40%以上要付房子的貸款!

年薪 5 萬,照人口比例算,大概每 100 人裡有一個,如果康斗(Condo)都要賣 20 萬,買的起的人照年收入比例算起來就少了。房地產在不久的將來要萎縮----買時容易,賣時難哪!

買房子付的貸款利息可以抵稅之外,稅法規定「你們夫妻在這棟房子裡住滿 2 年,賣房子所賺的錢 1997 年是 50 萬可以不付稅拿去養老。舉例:

你 1975 年 40 歲,五萬元買了一棟房子,到 1999 年賣了 25 萬元,賺了 20 萬,20 萬不必付稅。(20 年這棟房子賺 400%)

1988 年或現在,你也 40 歲,在上述所說各項房地產漲價原因之內,以 20 萬買一棟房子,20 年以後,這棟房子能賣 100 萬嗎?恐怕很難吧!?

所以買房子不只是安身立命之所,還得想到日後賣出去以後免稅部份自己養老用。

四十歲以後買房子可能是美國惡夢

沒有房子的人都想去買一棟屬於自己的房子,每個月付買房子貸款的利息給銀行及每年所付的房地稅可以抵稅,房子又可以增值,想法沒錯,但是現實對想法會很無情的!

如果你只憑自己的「想法」去買一棟房子,「現實」很可能會使你一無所有!因為:在美國,不論哪一種行業,尤其是理工界,只要到45歲以上,就有公司玩「Peter's Principle 遊戲」把他解僱的潛在危機。公司用給他的高薪再僱二個年輕碩士或博士。一旦你在50歲上下被美國公司解僱,你突然會發現「美國雖大,卻無我工作之處」!

1986年,台灣任何一所大學要找一位在美國學有專長的碩士或博士去當教授,難哪!現在台灣任何一所大學要找一位教授,具有美國大學博士學位的應徵者少說也有幾十人,這些申請人以45歲以上的中年人佔絕大多數,都是美國回去的!

張先生顯然不知道他在45歲以後有隨時會被美國公司解僱的危機,在47歲那一年買了一棟價值25萬元的房子,5萬元頭款,向銀行借20萬。1993年53歲被公司解僱,不論他多麼努力的找工作,他終於發現沒有公司僱用他。

二年多來靠失業救濟,自己的儲蓄和太太做散工的收入來貼補房子的分期付款,到1995年底支撐不下了,他的房子只有二條路可走,一是自己賣掉,經估價21萬,付了佣金,一個錢也拿不回來,二是等銀行收回去拍賣。到此已經證實「現實」對「想法」很無情!

40歲上下來美國留學或移民的朋友,經過數年省吃儉用,克勤克儉存了幾萬元,一心一意要買房子了,你應該瞭解自己所處的地位,本身所具備的條件和本領是公司裡的「江湖一把劍」——沒你不行,常常可以買房子。如果公司少了你這樣一個人,公司不會受影響,你就應該清醒的瞭解,你的錢是一點一滴存出來的,年齡又接近「知天命」,你沒有因為自己的「想法」而錯一次的本錢!

如果你今年45歲,存了5、6萬元要去買一棟價值20萬元的房子,你要瞭解這棟房子不是你的,「房東」是銀行!租房子每個月付房租給房東,有選擇權,有錢租好房子,錢少租差一點的房子。買房子也是付房租給「房東」,你沒有選擇權!租和買房子的最大不同點在於你的年齡,職業穩定性和5、6萬元頭款,這5、6萬元投了就有「退路」,只有「想法」而不知「現實」去買了房子,投錯了,你可能與張先生一樣而臨進退兩難。

45歲把5萬元投入S&P 500「指數年金」，10年保守計算以平均8%的利得計算，每9年翻一倍。如果你在55歲那一年被公司解僱，你找不到工作，你「指數年金」裡約有11萬元上下，你可以在59歲半前拿出來，要罰12.5%，再付稅後約可拿到7萬元上下，拿這筆錢回中國，隨便找個工作能拖到59歲半，「指數年金」內的錢超過15萬元了，這時拿錢沒有罰款，但要付一點當年所得稅。如果平均回報是12%，你指數年金裡約有17萬，此時看情況或留在美國或回中國。

　　「有錢行遍天下，無錢寸步難行」，45歲上下的人存了幾萬元，不是先去買一棟房了，而是先把自己的「退路」計劃好才能對抗「現實」的無情，你說呢？！

「想」買是夢，「不能買」是事實，
用「夢」去實現「不能」，就是因「無知付出代價」！

　　絕大多數的中國人只知道銀行和房地產，只要在銀行存上三、五萬元就想買房了。

　　你年收入＄36,000，每個月是＄3,000，扣20%稅，社會安全及401（K），你實際拿到手的是＄2,000。你在銀行有3萬元存款，你買一棟＄200,000的Condo，在買Condo之前，你不知道「數字會說不行」的事實，因此你現在必須面對以「無知而付出慘痛的代價」！

　　Condo賣價＄200,000，你付10%＄20,000頭款，借＄180,000，年利6%，每個月付銀行＄1,200，房地稅＄200，火險及社區費＄120，每個月付出＄1,520，你每個月收入＄2,000，付出＄1,520，你只有＄480生活費，現在要賣Condo了！

你把每個月 50% 的收入付房子利息
就是美國惡夢！

你們夫妻收入 15 萬元，扣除稅、社會安全及各 1 萬元 401（K），每個月實拿$7,500 上下，30%即$2,300 元放到房子上。因此，你們只能買 35 萬的房子。

35 萬的房子，20%頭款 7 萬元，向銀行借 28 萬，超過$252,700 就是 Jumbo Loan（1998年），利息要高一點，30 年付清，現在的利息是 7.5%，每個月付銀行$1,785 元。房地稅是房價的 1.25%，每個月要付 365 元，火險每個月付 60 元。每個月付$2,383 元。正好是你們每個月$7,500 收入的 30%多一點。還有房子的維修費，每個月平均$200 元。

你們買一棟 60 萬的房子，這棟房子很可能是你們美國的惡夢！因為你們把每個月收入的 50%甚至 60%放到房子上。我知道你們的想法是買房子付的利息和房地稅可以抵稅，房子也會增值，但是在財務分析上不是這麼單純的，你有沒有想到：好學區的好老師夫妻把房子賣了賺 50 萬不付稅，他到任何一個新開發的城市花 20 萬買一棟大房子，還是教書，生活就好得多了吧？！好老師一走，其他的老師也因為房價太高進不來，這個學區會怎樣？！房價不受影響？！

房價高的離譜，低收入的人沒法負擔房租，製造業將會招不到工人，因此，不得不往外地遷，你跟著遷還是另找工作？搬走的多，進來的少，房價會不會受影響？

別忘了你有工作才有收入，沒有工作就沒有收入。不論什麼原因你失業了，60 萬買的房子就會成為你的美國惡夢！

最重要的是你們夫妻年收入 15 萬只能買 35 萬的房子，買不到 35 萬的房子就算了！租房子可以按自己的財力換房走。想通了，把你 60 萬房子 20%的頭款 12 萬存入「指數年金 Equity Index Annuity」投資在 S&P 500 上，每年賺的錢延後付稅，平均回報率 8%，每 9 年一倍，20 年到 65 歲退休，你指數年金帳戶內結結實實在 50 萬，若平均回報率 12%，每 6 年一倍，你指數年金帳戶內就有 100 萬以上！

老了，看誰手上現金多，而不是有沒有房子！這是根據美國保險業的調查報告說的，報告這麼說：「退休時 1 人很有錢，4 人富有，5 人還要工作，34 人死亡，56 人貧窮。」

如果你不想老了貧窮或是不要在「錢」上多付稅少賺錢吃虧，你應該跟王定和談談，他幫助你建立一個穩固的財務基礎。

買房子量力而為,別讓美夢變惡夢

你每個月實際收入的 25%,最多 30%付到自己買的房子上是對的。超過 30%,這棟房子可能成為你的惡夢!

張先生今年 32 歲,太太 28 歲,女兒 2 歲,兒子 8 個月。張先生收入$74,000 元,太太沒做事,現在住的房子是租的,每個月$1,200 元。張太太一心一意要買一棟屬於自己的房子,張太太說:「看上眼的房子都得 28 萬以上。」

事實上在財務安全範圍內,年收入$74,000 只能買 20 萬元的房子。是這麼算的:

每個月扣除稅,社會安全和 401K 後,張先生實拿$4,000 的 30%,即$1,200 元放到自己買的房子上。

房子 20 萬,20%頭款 4 萬,借 12 萬,年利百分之 6%,30 年付清,每個月要付$840 元,房地稅$200 元,火險$60 元,修理費平均$100 元,加起來一個月就要付$1,200 元,是張先生實際拿到手的 30%。

如果張太太去買一棟 28 萬的房子,付 20%頭款加 Escrow 費一共是 6 萬元,借 22 萬,6%的利息,30 年付清,每個月要付$1,320 元,房地稅$290 元,火險$60 元,房子修理保養費$100 元,加起來是$1,770 元,是張先生實際拿到手的 45%。如果公司不賺錢要大家減薪裁員,這棟房子就會成為惡夢!

他們應該瞭解年收入$74,000 元的人,只能買 20 萬價位的房子,不能買 28 萬元的房子。瞭解這一點就租房子,然後把 6 萬元投入「指數年金」去投資 S&P 500----讓自己有足夠的現金。

從 1988 年到 1996 年,這 8 年來房子沒有漲一倍,但指數基金上漲不止一倍,以 10 年平均 12%的回報計算,每 6 年就是一倍;33 歲 6 萬,39 歲 12 萬,45 歲 24 萬……到 63 歲是 192 萬,加上 401K,退休生活很舒適了。

美國的社會在變,經濟也在變,20 年以前有房子是對的,因為每個月賺的錢 25%放到房子上,買一棟屬於己的房子是實現美國夢。現在去買一棟房子很可能是自己的美國惡夢!在你買房子之前,你一定要瞭解一個事實,那就是:

1987 年 6 月 20 日 U.S.New & World Report 第 60 頁指出「根據 1986 年美國人口統計局的調查告報告:『每一千名生育年齡的婦女只有 65 個人生小孩』,美國 4 位祖父母只有一個孫子或孫女的情況日益普遍。」

出生率這麼低,現在已經是要賣房子的老人多,而買房子的人是美國人少,是外國人多。如果一個區域內的中國人比例太高時,房子市場就只能賣給中國人——市場太狹,再來買得起的人少,你買時容易賣時難。

買房子出租是好的投資嗎？
賺錢是好投資，不賺錢還得貼錢就不是好投資。

1980 年石油危機，你在銀行存錢，銀行付你 16%的利息，你向銀行貸款買房子，你付銀行 21%的利息。因為借錢利息太高，房子買賣成為有行無市。

1988，1989，1990 這 3 年房子和土地像火箭一樣上漲，大家搶著買。1991 經濟衰退，到 1996 房產和地產跌到谷底，1988、1989、1990 搶著買房子，公寓、土地和大樓的人，這時因為付不出貸款而紛紛被銀行、貸款機構收回（Foreclosure），到 2003、2004 房地產又上漲驚人。

2001 年你$400,000 買一棟 4 個單位的公寓，$100,000 頭款，向銀行借$300,000 年利 7%，每個月付$2,100 上下，房地稅是買價的 1.25%（也可能是 1%），每個月付$420，火險$100 共付出$2,620。

每個單位租出去，每月收$800，4 個單位，每個月收租$3,200 減去$2,620 支出等於$580 × 12 個月=$6,960，投資$100,000，一年賺 6.96%（如果房地稅 1%就賺 7%了）。

2002 年利息下降，重新貸款付 5.5%利息，每個月付$1,650 上下，房地稅$420,火險$100，每個月付出$2,170，收入$3,200 減去$2,170=$1,030 × 12 個月=$12,360，投資$100,000，一年賺$12,360=12.36%。

2004 年這棟四個單位的房子漲到$800,000，你$200,000 頭款，向銀行借$600,000 去買，年利 6%，你每個月付$3,600 上下，房地稅每個月$834，火險$100,每個月支出$4,534，收租就算$4,000，每個月要貼$534，這不是投資！

買 Foreclosure 和 Hi-Lo-Roll 的房子

有一棟房子要賣 25 萬，你找一位房地產經紀幫你出價（Make Offer）去買，誰都會！要在房地產上賺到錢，你得有知識：

甚麼是 Foreclosure（銀行收回）？

買房子的人因病、被裁員、離婚、經商失敗等原因而每個月付不出房子貸款的本和利息，貸款給他的銀行或金融機構就會對他發出違約通知（Notice of Default），通常 4 個月就會把房子收回交由法院拍賣。

你應該在房地產跌到谷底的時候像 1995 到 1999 時進場，那時候房子拍賣也沒人買，你有錢可以跟銀行議價。凡是法院拍賣不掉的房子就還原主銀行，Lender，HUD，VA 等，原主就會賤價出售，這時你再去買，舉例：

Condo 房子的市價是$120,000，屋主付不出錢被銀行收回，但屋子被屋主住的又破又髒，因此沒人買，法院退回給銀行，這時你出價$87,000，10%頭款，45 天完成過戶手續（Close Escrow），銀行賣了，當天進 Escrow（公證公司），你立刻找建商來修，建商要五千，不要小氣，給他！請他快修，修好了，你向銀行借房子市價 90%的 HELOC(Home Equity Line Of Credit) 即$108,000 減$87,000 買價再減$2,000Closing Cost 再減$5,000 修理費等於$14,000 進你口袋。這 Condo 每個月出租$950 減每月貸款本和利$373 再減房地稅$73 再減火險$25 再減社區管理費$95 還有$384 淨賺，$384 乘 12 個月等於每年淨賺$4,608。這就是 0 頭款（英文是 Zero Down）。買房子不但不要付頭款還可以拿錢回來，以後每個月還有收入！

甚麼是 Hi-Lo-Roll？

一棟房子在市場上太久沒人買，表示這棟房子有問題，你找一位新近做房地產的經紀專門幫你找這樣的房子。舉例：

有一棟房子在好學區，是中產階級想要也負擔得起的房子，房子市價是$150,000，屋主要這個價，但在市場上放了六個月賣不掉，你的經紀告訴你，這房子一進門就臭的要命，地毯也破，內外都該油漆，建商估價六千。你教你的經紀出價$130,000，屋主急於出售這房子來解決他自己的問題，所以賣了。這時你要求賣主先幫你付$6,000 頭款，等你貸款下來再還他，同時要他付 Closing Cost。這時你要 Seller 在購屋合約上以$145,000 賣這房子，實際價格是$130,000，多出$15,000，銀行款貸下來以後還給賣方$6,000 再減$6,000 修理費，你還有$3,000 賺，這種情況英文叫 Hi-Lo-Roll。

土地投資是高風險

1988 年我從舊金山到洛杉磯東北邊的 Antelope Valley（羚羊谷）內的 Palmdale 和 Lancaster 兩市做土地投資買賣。1995 年南加州房地產跌 45%，土地跌 70%以上，我個人差一點在地產投資上破產，因此下功夫研究一個人的財務究竟怎樣才安全？要在土地投資上賺錢，你必須具備下列知識。

你在美國任何地方投資土地都得先查下列 10 大條件。

一、沒有開發（Undeveloped）的土地
   這種土地沒水、沒電、沒路，一片荒地，要等到開發不知何年何月。

二、已開發（Developed）的土地
   這種土地上蓋滿了房子，如紐約、舊金山、洛杉磯及距其半小時車程內的都市，地價都很貴了。投資大而回報率低。

三、正在開發（Pre-developd）的土地
   這才是投資的土地，因為低買高賣。根據史丹福大學的調查報告，全美國這種正在開發的土地，必須符合下列十大條件，每一項都是 Yes，土地才會大幅增值：（有一項是 No 都不行）

   1. 可用而平坦的土地；適合人住。
   2. 有充足的水源。
   3. 靠近大都市；距紐約、舊金山、洛杉磯 1 小時車程之內。
   4. 有便利的交通網：高速公路（Free Way）連接各市的 Highway，火車及飛機場等。
   5. 有都市計劃：包括 General Plan、Zoning Map（什麼地方是工業，什麼地方是商業用地及住宅區），道路舖設等都規劃好。
   6. 有公共設施及預算：埋設水管、架設電線、廢水處理、電話線路、煤氣管等等都是公共設施，也都預先做好。
   7. 目前和將來的學校：已設有小學、中學甚至大學，或依照都市計劃，已取得各級學校預定地。
   8. 現有和計劃中的工業設施：這些工業設施是指多元化的工業而言。

   ※ 在開發區內，由於地價和房價低廉而吸引人們來這裡買房子安居；因為人口進入而使此一地區具有勞動力，於是工業才會進入。

9. 現有和計劃中的商業設施:因為有人口進入,工業進來而商業跟進。
10. 人口增長:人口、工業、商業進入此正在開發區,一旦有了工業和商業,謀職不成問題,於是人口又再進來,因而使地價上漲,南加州的 Orange 郡就因為符合地產投資十大條件,從 1950 年開始發展,到 1980 年已經成為美國房地產最貴的郡。

※ 有了這 10 大條件並不保證你買的土地會賺大錢!

從這張圖上您可以看出最值得投資的土地是 Pre-developed 的土地。

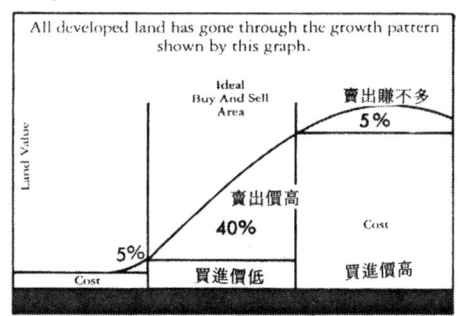

```
All developed land has gone through the growth pattern
            shown by this graph.
                Ideal
              Buy And Sell
                 Area                     賣出賺不多
                                             5%
   Land Value
                          賣出價高
                            40%              Cost
              5%
              Cost       買進價低            買進價高
```

有水〈消防栓〉,有電,有路的地是
Pre-developed 的地,可以建築

發展是朝此一方向而來,地價節節上漲

※ 土地拍賣場賣的土地絕大部分是廢地!你要買那塊地,你應該自己先去做調查,拍賣場是靠氣氛去逮冤大頭!

投資那種土地能賺到錢？

土地依使用情況而增值，一畝地是 43560 平方呎，合 4287 平方米或 1210 坪，位於正在發展區內的地價其比例如下：

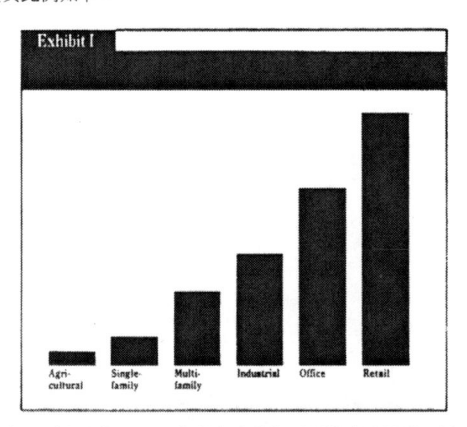

Exhibit I

（圖表由低至高：Agricultural、Single-family、Multi-family、Industrial、Office、Retail）

買土地之前一定要到市政府 zoning 部門查清楚你要買的土地是哪一種 zoning。

1. 農業地（Agricultural）：每 10~160 畝准許建一棟房子，有可能 1 到 5 千元一畝。
2. 單一住宅（Single family house）用地：在都市計劃的 Zoning Map 上已經規劃好；5 畝建 1 棟，這是美國人的夢，依序是 2.5 畝建一棟，1 畝建 1 棟，半畝建 1 棟，1 畝建 4 棟，1 畝建 6 棟等。
3. 集合住宅（Muti-family house）用地：在都市計劃的 Zoning Map 上可以建共有公寓 Condominium、Town House 和公寓 Apartment。
4. 工業地（Industrial）：可以建裝配廠、汽車板金廠、傢俱廠、機器製造廠、成衣廠、玩具及百葉窗工業等等。
5. 辦公室（Office）用地：建辦公室。
6. 商業（Retail）用地：可以建旅館、商業中心（Shopping Center）及各種零售商店。

4、5、6 都是按平方呎買賣的，一個都市裡，工業、辦公室及商業地最多不會超過 10%，因此漲幅也大。

在房地產上真正賺錢的是誰?

只有二個人,一個是地主,一個是建築商,若是地主兼建築商更賺。對買房子的人來說,地主和建築商已經先賺了他至少5年以上通貨膨脹的錢。

1984年你花$100買一兩黃金,2005年你賣了$450,賺了$350。按Rule of 72的公式計算,也只賺8%而已。如果你$100買一兩黃金,立刻請銀樓幫你做10個戒指,每個戒指工錢$20,你的成本是$300。每個戒指賣$60,10個戒指賣$600,你賺100%,再買二兩黃金如法炮製,20年下來,你是不是賺了很多錢?

1984年美國人在新發展區內買40畝地,把這40畝地劃分成8塊(Lots),每塊地2.5畝常成戒指賣給你。現在2005年這8塊地被市政府規劃(Zoning)為R-7000即7000平方尺准許建一棟房子,2.5畝約可建9~10棟,除去裡外道路大概只能建6~7棟,建築商對這樣的小地沒有興趣,因為你買的是一個「戒指」。

如果有一天發展商要併購你的2.5畝土地,你跟他要一份周圍賣出去土地的比價表(Comp),合理的價錢就賣了,否則你的2.5畝土地在將來可能變成孤地—沒有人買。

在這個圖上,發展商委託房地產經紀買了7、8、9、11、14和15,10不肯賣,將來周圍都蓋了房子,這10號地就會變成「孤地」,沒有建築商要買。

2.5 Acre Lots

16	9	8	1
15	10	7	2
14	11	6	3
13	12	5	4

1 畝或 2.5 畝的土地能賺錢嗎？

Lancaster 市西邊 Ave.J 大道從西 45th St.到 50th St. Ave. J 路的北邊一大片土地市政府規劃（Zoning）R-7000，但這片土地被分割成每一塊（Lot）地只有 1.25 畝，到現在這一片土地還是空著的，因為沒有建築商要買這麼小的地。但是 Ave J.路的南邊從西 45 St.到 50 St.蓋滿了房子，因為土地是 10 畝或 20 畝。

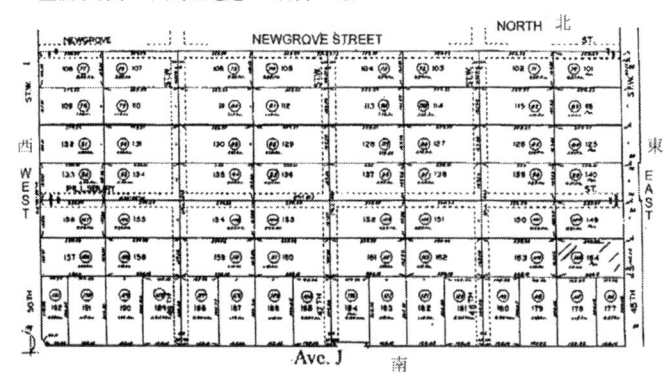

清楚的知道：

因為南加州缺水，每一個城市是以分給多少人口的水來設計這個城市的學校、公園、體育場等，人口超過就會限建。Lancaster 市北到 Ave. A，南到 Ave. M，西到 300 St.，東到 260 St.，這麼大的地方容約一千萬人口都不成問題，但是只給 61 萬 7 千人的水。

你花$70,000 在東邊 120 St.買 5 畝地，什麼時候才能發展到那裡就天知道了，你急用錢要賣這 5 畝地，天知道誰願意來買?!

Palmdale Blvd.東 60 St.角上 5 畝工業地 1963 年$20,000 元買進，2005 年 9 月賣了$200,000，扣除稅及佣金，42 年投資回報低於 6%！

1963 年美國股市只有 1,000 點，經過 2000~2003 股市大跌，2005 年 9 月也有 10,000 點，如果 1963 年不買地而把二萬元投資在延後付稅的共同基金上，每年平均回報 10%，2005 年有 128 萬；每年平均回報 12%，2005 年有 256 萬！

2005 年 S&P 500 是 1,200 點，到 30 年後的 2035 年漲到 3,000 點，你今天買地的$70,000 去投資 EIA。（請看 73 頁），每年平均回報 8%，到 2035 年你帳戶內有$600,000，每年平均回報 10%，到 2035 年你帳戶內有$1,200,000，這是結結實實的現金！

1995 年以前，我與你一樣用常識投資，所以差一點在地產投資上破產，經過此一教訓，今天我以知識告訴你錢這麼投資跟那麼投資 30 年後結果大大不同！

你要在一、二年之內看到大錢，你應該買市界內（City Limit）有水，有電，有路，有 Sewer 正在發展的地

這種土地現在已經貴了，一畝地要 7 或 8 萬（在羚羊谷內），你買進來要馬上建或做 Tentative Map 馬上賣出去，不能放在那裡。如果你有相當多的閒錢，你可以很快的賺到大錢。

如果你用$700,000 買進 10 畝立刻可建房子的 R-7000 土地，你再付 10 萬元左右請當地建築師為你畫一張 Tentative Map，說這 10 畝地要劃分成 50 個 Lots，路是怎麼開的等，畫好了這張圖送進當地市政府，只要市政府批准，你就可以連圖帶地一起賣。2005 年每個 Lot 賣$25,000 到$30,000。

投資成本$800,000 賣$1,250,000 到$1,500,000，一年之內賺$450,000 到$700,000

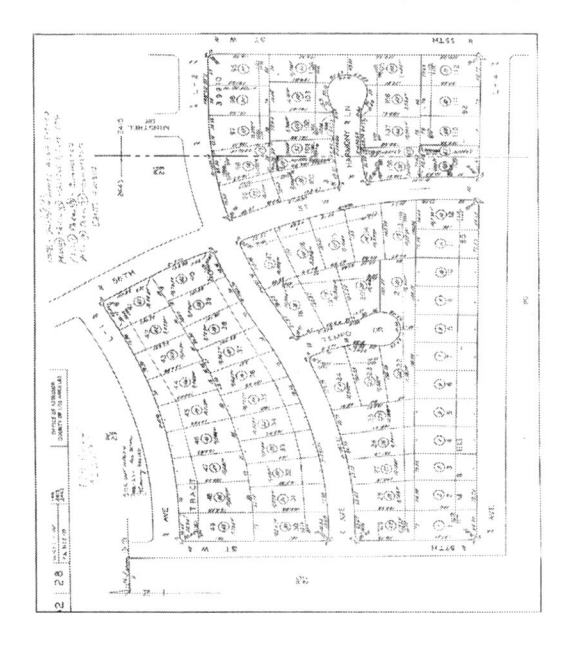

建築商買到 Tentative Map 還是不能建,要請建築師根據市政府批准的這份 Tentative Map 再細畫成 Tract Map。Tract Map 要畫的是水管,電管,瓦斯管,電話線管等怎麼樣接到房子裡來,這份圖就很厚了。建築師畫好 Tract Map 再送進市政府,忙的城市要等一年或更久,不忙的城市也許三個月之內就批准了。

市政府批准了,你可以連圖帶地一起賣給建築商,建築商有了 Tract Map 才可以按照 Tract Map 造房子。你也可以自己成為建築商。

建築商蓋房子,要經過當地住民公聽,要大家同意才行!

政府批准是 50%　當地住民同意是 50%　蓋房子之前要先公聽

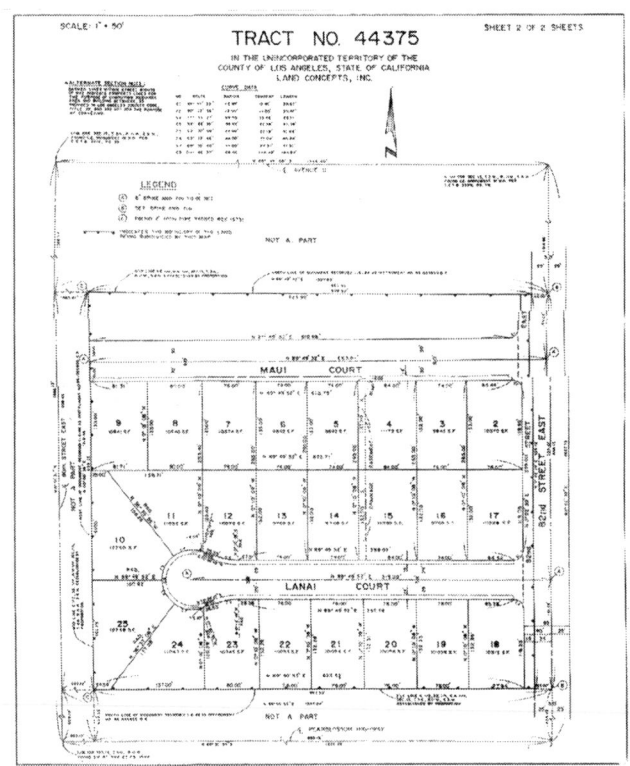

誰應該來羚羊谷（Antelope Valley）？

羚羊谷距洛杉磯（Los Angeles）市東北邊一小時車程，5 號公路北再接 14 號公路往北 Palmdale 和 Lancaster 兩個城市是洛杉磯郡（L.A. County）最後可以發展的都市。2005 年兩市的人口已經達到 30 餘萬人，加上周邊村鎮人口在 40 萬以上。

第一次買房子或小房換大房

35 萬在聖蓋博谷（San Gabriel）華人聚集的地方只能買 Condo 或 Townhouse，但在 Palmdale 和 Lancaster 能買到獨門獨院的房子。有火車，公車及共搭車（Car Pool）到洛杉磯市。

父母願為子女犧牲

兒女 10 歲來美國，住中國區方便父母，但兒女在學校交的朋友說國語或廣東話，英文不會進步。來 Palmdale 或 Lancaster 行公私立學校可以選，因為美國人多，你的兒女必須用英文，因此英文會進步。再來美國學生單純不會「比」，也沒那麼多「心眼兒」。

做生意

你做的生意不限地區，大貨車從 Palmdale 和 Lancaster 二小時之內到洛杉磯機場（LAX）及港口。這裡有全加州最大的 Enterprize Zone。

1993 年 4 月 California Business 月刊根據一個市的人口、公司僱用人員、商業稅率、辦公室租金、中等房價、犯罪率和教育等在第 27 頁刊出「加州人口 9~18 萬 40 個中等城市中，最適合生意人做生意的城市 Lancaster 市排名第一。」

土地投資，開發

南加州每年進來 60~70 萬人口，2% 的人住進 Palmdale 和 Lancaster，一年就有一萬三、四千人，事實上不止這個數字，1995 年 10 月 2 日洛杉磯時報 Los Angeles Times 刊出全美國人口增加最快的 10 個城市 Palmdale 市排名第 2，Lancaster 市排名第 6。人口增加就代表地價上漲。

買 10 或 20 畝有水，有電，有路，有下水道，立刻可建房子的土地做成 Tentative Map 出售或自己開發。

你想在羚羊谷買房子，做生意，投資 Shopping Center，大型公寓或土地買賣請找

唯一說國語的 Broker 夏台莉（626）278-2795 或 （661）948-0760

投資「保單貼現」既安全又高利

2002 年 10 月股神 Warren Buffett 在他明尼蘇達州的再保險公司投下 4 億買保單貼現

美國政府鼓勵大家花錢消費，因此美國人沒有儲蓄的習慣。根據美國聯邦健康、教育、福利部的統計報告：「每 100 人從他們開始工作賺錢到 65 歲退休，其中有 29 人到不了 65 歲就死了」。美國人在中年得癌症或其它的絕症，平時又沒有儲蓄，這時他唯一能變成現金的財產就是他的人壽保險保單。舉例：

Gray 先生，53 歲，經過 AmScot, Viatical Service 等權威醫學鑒定機構根據 Gray 先生各種病歷及病史評估他最多只有四年的壽命。現在他只有一個 100 萬死亡理賠的人壽保險保單要賣，他就找保單貼現公司，這情形跟賣房子和買房子的人都找房地產公司是一樣的。保單貼現公司把一切費用計算在內，這費用包括這張保單賣方的賣價、繼續要付的保費、律師費、公證公司及佣金等要價 50 萬。你是投資人，你付 50 萬，保單貼現公司就會提供給你：

一、AmScot 醫療化驗室對 Gray 先生病歷和病史的權威鑑定報告（大額保單有二或三家鑑定報告。）

二、Gray 先生的壽險保單供你向這家人壽保險公司查詢。

三、保費例表（Premium Illustration）

你滿意了，你把錢付給公證公司（Escrow），公證公司辦理一切過戶手續，這手續包括 Gray 先生的所有受益人都要放棄受益人的權利，受益人改為你的名字，這個名字是不可以更改的（Irrevocable）以保障你的權益。此外你還可以指定你自己的受益人，以防 Gray 先生還沒死，你卻先他而去。這些手續要 3 到 8 個星期，等一切手續辦好，你成為這張保單的受益人時才 Close Escrow。那時你從 Escrow 公司拿到 Gray 先生保單，Escrow 公司把該分的錢分給各人。Gray 先生在 4 年之內任何時候死亡，他的人壽保險公司就付你 100 萬，你花 50 萬去買這個保單，Grays 先生第 4 年死了，你的投資回報率是每年平均 25%，唯一的風險就是 Gray 先生有了錢心情愉快，吃得起好藥，4 年沒死，10 年才死，你的投資回報率是每年 10%。（這種情況不多見，但有可能）。

1945 年美國人提倡節育，今天平均 2.8 人付社會安全養老金養一位老人。拿錢的人多，付錢的人少，社會安全養老制度面臨崩潰。老人多，美國的老人一旦有病纏身，因為沒有儲蓄的習慣或是財務計劃錯誤，他們沒有多餘的現金可用。這時唯一可以變現的財產就是賣他們的人壽保險保單。

如果你個人有錢投資，「保單貼現」是一種既安全又高利的投資方法。如果你是銀行的老闆或投資主導人，你可以看出來「保單貼現」是大生意。不但為銀行和你主導的投資公司帶來大利，也為你的客戶帶來大利。只要客戶得到 10% 以上的高利，你們的銀行一定生意興隆—都來存錢了。

你的退休養老計劃如 IRA.、SEP.、IRA.SIMPLE 、IRA.401（K）等都可以用「保單貼現」。

保單貼現產品特性

1. 單一投資人絕對自己單獨擁有保單的權利。
2. 保險公司的名氣和財務狀況,至少是 A-以上 (AM Best or S&P 評估)。
3. 保險人年齡是 75 歲以上或是患有絕症的病人。
4. 投資金額比其他公司少,但是投資報酬率有可能比其他公司多很多。
5. 大部份保單直接和賣方交涉,以利投資者賺取更高的利潤。
6. 保單擁有者有權利,直接諮詢保險公司。
7. 雙邊律師嚴謹的相互牽制制度,以保護投資者的權益。
8. 投資人在公證公司的錢,在保險公司未完成轉換受益人和擁有人前,有絕對權力拿回原投資的金額(扣掉少許費用)。
9. 有專業的追蹤公司來向保險公司索取保險金理賠,加速投資人拿回賠償金。

保單貼現回報率(最少投資$20,000,以$100,000 投資舉例)

Policy with 100% Total Fixed Return

Year to Maturity	Amount Invested	Amount Returned	Simple Annual Rate
1	$100,000	$200,000	100%
2	$100,000	$200,000	50%
3	$100,000	$200,000	33.33%
4	$100,000	$200,000	25%
5	$100,000	$200,000	20%
6	$100,000	$200,000	16.66%
7	$100,000	$200,000	14.28%
8	$100,000	$200,000	12.5%
9	$100,000	$200,000	11.11%
10	$100,000	$200,000	10%

Policy with 150% Total Fixed Return

Year to Maturity	Amount Invested	Amount Returned	Simple Annual Rate
1	$100,000	$250,000	150%
2	$100,000	$250,000	75%
3	$100,000	$250,000	50%
4	$100,000	$250,000	37.5%
5	$100,000	$250,000	30%
6	$100,000	$250,000	25%
7	$100,000	$250,000	21.42%
8	$100,000	$250,000	18.75%
9	$100,000	$250,000	16.66%
10	$100,000	$250,000	15%

付稅率高的人用 Municipal Bond

州政府、郡政府和市政府發行的公債就叫做 Municipal Bond，又叫做「免稅公債」，因為它賺的利息免付聯邦所得稅，高收入及付稅率高的人用這種 Municipal Bond，把賺的低利息再存入指數人壽保險 IUL.裡，賺出來的錢免稅，存入指數年金 EIA.裡，賺出來的錢延後到 59 歲半退休拿錢時才有很少的稅。IUL.和 EIA.這兩種產品都是連接 S&P500，只賺不賠，你知道錢這麼轉，就可以變成有「利」的大錢！

不知道錢可以這麼轉，你的錢就大不了！

※從 Municipal Bond 賺的錢要付一點州稅（State Income Tax）。

※賣 Municipal Bond 賺的錢國稅局視為資本利得（Capital Gain），要付資本利得稅。

Reverse Convertible Notes（簡稱 REX.）
短期可以轉成股票的債券

通常時間不會超過一年，發行債券的銀行會提供一固定比率的報酬率，舉例：

$10,000 為一個單位存入投資銀行的 REX，投資銀行每三個月付給你年利率 10%到 20%之間。或選六個月，最多不會超過一年，如果股市跌了 20%，你的這$10,000 就從債券轉換成股票，這股票必須選這家投資銀行名單上有的股票，如你喜歡美國銀行（Bank of America）的股票，這家投資銀行正好有，每股假定$5.0，你的$10,000 就買 2000 股。股市上去了，你賺的錢肯定高過 10%到 20%，如果繼續下跌，你就得等股市漲回去。

注意：

這種短期債券產品的投資模式與投資者在選擇權方面的操作「Sell Put」非常類似，這種產品不受 FDIC.的擔保，投資人必須承擔部份風險。不一定保證 100%取回本金，本金可能會損失一部分，也有可能以股票代替本金返還。

股票、債券及共同基金

第一章　股票與債券（Stocks and Bonds）

公司的股票與債券（Corporate Securities）

只有股份有限公司（Corporation）才能發行股票（Stocks）和債券（Bonds）。

股份有限公司與個人是一樣的，公司是一個「法人」，因此公司與個人一樣有所有的權利（Rights），也有所有的責任（Responsibilities），公司可以告人，也會被告，也可以定合約，不管誰擁有這個公司的股票，他對公司的財產是有限的。

如果你持有這家公司2千元的股票，一旦公司倒閉，你的2千元賠掉就算了，不會再有債務上的責任。

基本上組成股份有限公司做生意謀利有3個特性：

股份有限公司依公司章程產生一個特定的目的。

技術上這個公司為所有股東股票持有人所共有，股東可以投票選出董事會成員來經營公司。

公司的所有人（Owner）及股東股票持有人其個人不對公司所欠的債務負責。

新公司需要資金，公司籌集資金的方法就是賣股票和債券。買這家公司股票（Stocks）的人就成為這家公司的股東，也就是本金股（Capital Stock），所以公司是以賣股票來籌集公司所需要的資金。

公司成立以後，公司也可以賣債券（Bonds）來籌集資金。買這家公司債券的人是把錢借給這家公司，所以是這公司的債主。公司向債主借錢，債券上就要明付百分之幾的利息。因此債券是向債主借錢的借據。

Equity 是指股東股票持有人，也就是公司的所有人（Ownership）。

Debt 是指把錢借給公司的人，也就是公司的債主（Creditor）。

公司可以發行2種股票，一種是股東股票（Common Stock），另一種是優先股票（Preferred Stock）。如果公司只發行一種股票，那一定是股東股票。

股東股票與優先股票的同異之處：

股東股票	優先股票券
	50%股東股票 50%債券
是公司所有人（Owner）之一	相同
有股權證明	相同
自由買或賣	相同
公司賺錢，多拿紅利（Dividend），公司少賺少發紅利，公司不賺錢不發紅利。	不論公司賺多賺少，只要董事會宣佈發紅利，就只能拿固定的紅利。

可以投票選舉董事會的成員。	沒有投票權
有權利取得公司的一切訊息	相同
公司發行新股票時有優先購股權（Preemptive Rights）	沒有優先購買權
公司破產賣掉所有的東西，如果還有餘錢，最後一個拿錢。	公司破產賣掉所有的東西，在股東股票之前先拿錢
有限的債務責任	相同
沒有到期時限，你不賣，公司不能買回去（not callable）	沒有到期時限，你不賣，但公司可以買回去（can callable）

公司賣出去特定股數的股票是授權股（Authorized Stock or Issued Stock），沒有賣出去的股票是授權但是沒股（Authorized but not issued。）

＊法律規定沒賣出去的授權股的股數，永遠不可以高過授權股但是沒賣股。

公司也可以把賣出去的股票再買回來，再買回來的股票是庫存股（Treasury Stock），沒有投票權也不發紅利。

股票的價值

投資於股票是因為要從股票上得到真實的或潛在的報酬。公司發行股票時，股票的面值（Par Value）由公司定，也許 1 元，也許 5 元，這 1 元 5 元的票面值只用於公司內部記帳。最重要的是股票市場價（Market Value），股票市場價每天上上下下的波動。

股東拿紅利（Dividends）的權利

你買了這家公司的股票，你就有權利拿到這家公司你有多少股的股權證明。你要買或賣你的股票時，不必經過公司的同意，當董事會宣佈發紅利時，你就有權拿到紅利。

公司不會自動把紅利發給股東，一定得公司董事會宣佈那年那月那日發紅利才行，如果董事會沒有宣佈發紅利，那可能是；

- 公司今年沒有賺錢或是
- 公司把賺的錢又投資於生意中，一經公司董事會宣佈發紅利，可以用下列 3 種方式中的任何一種方式發紅利

1、現金紅利（Cash）

公司發現金紅利最普遍，董事會宣佈每股發多少錢，通常 3 個月發一次，有的公司把 90%的利潤以紅利的方式發給股東，也有的公司不發紅利而把利潤留在公司壯大公司的生意，有些公司發很少的紅利等等，看公司情況了。

2、財產紅利（Property）

公司用附屬公司的財產分給股東股票持有人。

三、股票紅利（Stock）

公司以股東手中持有的股數再配給同數的股票。如你有 1,000 股，公司再配給你 1,000 股。

公司股票的票面值是$5.0，一旦市場價格漲的太高如漲到$150 一股，則公司可以把一股分為 3 股，這樣股票就下降到$50 一股，更吸引投資人。股東股票的持有人尤其喜歡他們的股票一分為三。這種一分為三的股票英文是 Split。

優先購股權（Preemptive Right）

公司在發行新股票的時候，股票的價值往往低於市價，在新股票還沒有正式上市之前，股東股票持有人有權利按其持有股數的比例以低於市價的價格先行購買。

舉例：

你有 IBM 公司 1%的股票，IBM 再發行一萬股新股票，一萬股的 1%就是 100 股，你有優先權買 100 股。

投票權（Voting Rights）

股東股票持有人有權利參加公司之年會，對於公司重大政策之改變及選舉董事會之成員有投票權，投票權有 3 種：

1、一般性或法定投票權（Regular）

有六個人參加競選董事，你有 100 股，你可以對六個人每人投 100 票。

2、累積投票（Cumulative）

你的 100 股乘 6 等於 600 股也就是 600 票，這 600 票只能投給一位董事，或是 200 票投給 A，400 票投給 B，或是 200 票投給 C，200 票投給 D，200 票投給 E，加起來不能超過 600 票。

你是股東，但無法參加年會投票，你可以寫委託書授權某一股東代替你投票，你可以決定投誰的票，也可以由代你投票的人決定投誰的票。委託書必須用寫的，委託人也可以在公司造名冊之前撤回委託。這種情況叫 Proxy。

為了投票精明，股東對公司的營運情況一定要消息靈通，因此，股東有權利查公司的帳及記錄，包括查股東名單及過去的會議記錄。

證券交易管理委會員（Securities Exchange Commission 簡稱 SEC）規定：

公司的資產在 100 萬以上，股東在 500 人以上的公司就得每年發給股東年度報告（Annual Report）。

一旦公司倒閉，公司變賣一切資產後，依序先給各式債權人，還有剩才給股東，股東股票（Common Stock）是最後拿錢的人。

優先股票（Preferred Stock）

優先股票是50%的股東股票和50%的債券（Bond），也有所有權證明，優先股票有2項比股東股票優先。

公司發紅利時，優先股先拿，股東股後拿。

公司倒閉變賣一切資產後，優先股先拿錢。

優先股沒有下列權利：

不論公司多賺錢，優先股所得到的紅利是固定的（Fixed）

投票權有限制或不能投票。

在公司新股票上市之前沒有優先購買權。

一股付多少錢紅利，通常都明定在優先股票的票面上，優先股票的票面值通常是$100元。董事會可以決定不發紅利，優先股票持有人沒有自動拿紅利的權利。

優先股票的種類；直接優先（Straight）

公司去年和前年都沒發紅利，今年宣佈發紅利，直接優先股只能拿今年的紅利，不能拿去年和前年的紅利。

累積優先股（Cummulative）

大多數的優先股票都是累積優先股，累積優先股可以拿過去沒發的紅利，舉例：

公司去年和前年都沒發紅利，董事會今年宣佈發紅利，累積優先股可以拿去年和前年沒發的紅利，算法是：

如果累積優先股票的票面明定6%的紅利，$100×100股=$10,000元，6%利息是$600元，$600×3年（前年、去年和今年）=$1,800，今年你拿$1,800元。

共享優先股（Participating Preffered）

共享優先股的股票持有人除了可以拿到自己股票所明定的紅利之外，還可以拿到股東股票該拿的紅利，舉例：

你有某公司10股共享優先股，每股票面值是$100元，如果公司董事會宣佈今年股東股票每股發$1.0元紅利，你有10股共享優先股，每股就要跟股東股票一樣給你$1.0元紅利，10股就是$10元，這$10元加在你應得的$50元年利上，你拿$60元。

轉換優先股（Convertible Preferred）

為了不喜歡拿固定紅利的人，公司發行可以轉換的優先股票，這種股票在票面上就說明持有這種股票的人可以轉換成股東股票（Common Stock）。

轉換優先股是允許股票持有人在公司賺錢時分享公司的錢高過股東股票的市場價格。如果股東股票在股市上漲，轉換優先股的股票市價也跟著上漲。

一股轉換優先股票面值$100，付 4.5%的紅利，公司股東股票現在市值$25 元，這一股轉換優先股票可以換 3 股股東股票，一股股東股票合$33.5 元，比市場價格高。

* 優先股票是永久性的投資，沒有到期時間。幾乎所有的優先股票都可以被公司買回去（Callable）。因此，優先股票在票面上都有被公司買回去的句子。

通常公司指定一個日期，在這個日期之後公司以特定的價錢把優先股票買回。

債券（Bonds）

公司要籌款的時候，可以發行債券，投資人買公司的債券（Bonds）就是把錢借給這家公司，是這家公司的債主（Creditor）。

Bond 通常 20 或 30 年到期。

每一張債券都是欠債證明，Bond 的票面額通常是$1,000 元，這是公司「我欠你錢」的一種籌款方式。公司在債券的票面上明定每年付你百分之幾的利息，通常一年付二次利息，到期後，公司把本錢還給你。

債券持有人也會得到公司發的證明，登記持有人的姓名，也有連續的回數單（Coupon）附在一起，每寄回一張回數單到公司就拿一次利息，直到到期公司把債券買回去。這種情況叫做 Coupon Bond。

債券持有人要急用錢也可以把債券拿到市場上賣給其他的投資人，熱門債券賣出去的價錢高於票面額，如$1,000 票面額，賣出去的價錢高過於票面額，賣了$1,100，這種情況叫做 Premium，低於票面額，如$1,000 票面額，賣了$850，這種情況叫做 Discount，大幅低於票面額出手的債券叫做垃圾債券（Junk Bond），這種債券付的利息高，但風險也高。

債券的價值與利息的高低有關，如果利率上升，則以前發行的債券其票面價值就下降。舉例：

現在發行的債券因為利息上升而付 10%的利息，那麼以前付 8%利息的債券其票額從$1,000 降到$600 或$650。

如果利率下降，則以前發行的債券其票面額就會上升。舉例：

現在發行的債券因為利息下降而付 6%的利息，那麼以前發行付 8%利息的債券其票面額$1,000 不變，升到$800 或$850。

債券有三種：

一、用房地產抵押借錢（Mortgage Bonds）

這是用公司的不動產發行債券向大家借錢，就像你買的房子向銀行抵押貸款，每個月付銀行利息一樣。

第一順位的 Bond 叫做 First Mortgage Bond。如果公司倒閉變賣財產，第一順位 Bond 先拿錢。第二順位 Bond 包括 General 和 Consolidated。如果公司倒閉變賣財產，第一順位

的 Bond 拿夠了，還有剩才輪到第二順位 Bond 拿。

二、用附屬公司的股票及債券抵押借錢
（Collateral Trust Bond）
這家公司用其附屬公司的股票及債券做為信託人（Trustee）來抵押擔保向大家借錢。

三、用公司的生財設備向大家借錢
（Equipment Trust Certificates）
如鐵路或航空公司以其火車及飛機等設備做為抵押而發行債券向大家借錢，借錢付利息，到期後把本錢還給你。

除此之外還有其它種類的債券。

零回數債券（Zero Coupon Bond）
這種債券不付利息，那是因為票面額打很大的折扣，如票面額$100 只賣$10 元，20 或 30 年到期還你$100。

借據債券（Debenture Bond）
這是最不安全的債券，這只是公司出的一份「我欠你錢」的證明而已，像是個人借據。
但是一家營運良好的公司所發行的借據債券被視為安全的債券。

可以轉換的債券（Convertible Bonds）
這種債券可以轉換成股東股票，可以轉換的債券准許債券持有人用特定的價錢轉換成股東股票。

公司買回債券（Redemption & Call Provisions）
公司在賣出債券的時候，就有「不到期公司可以買回」的條款，只是付的錢要高過債券的票面值。

如果利息下降，公司就把以前所發行的高利息債券買回來，然後再發行低利息的債券。這種情況叫做 Refunding。

為了減低公司的債，公司每隔一段時間就準備一筆錢把以前賣出去的債券，在沒有到期之前就買回一部分或全部買回來。這種情況叫做 Amortization。

公司準備好，在沒有到期前就把債券買回來的資金，這種資金就叫 Amortization。

債券（Bond）的好壞是由 Moody's Investor's Service 和 Standard & Poor's 所評定的，最好的債券是 AAA，其次是 AA 或 A，第二好是 BBB，Ba 或 B……最差的被評定為 D。

關於公司賣出去的股票及債券,你應該瞭解下列 5 項補充:
1、股票的權利(Stock Rights)
　　當公司發行新股票時,股東股票持有人按其持有的股數照比例優先配股,股票價低於市場價格。

　　公司發行新股票前 60 天之內,股東股票持有人都有優先購股權,如果放棄此一優先購股權,他可以在公開市場上把此權利賣出去,60 天一過,他這個權利就沒有用了。

2、保證(Warrants)
　　股東股票都有優先購股的保證書(Warrant),此保證書可以在股票市場自由買賣,即使股價大漲,保證書內也會詳加說明股東以什麼價格可以買進股票。

股票權利(Stock Rights)和保證書(Warrants)之間的不同點有 3:
- 保證書連同其它的有價證券一起發行,通常是債券(Bond),更吸引投資人。
- 保證書中所定之股票價格高於現在股市之價格。而優先購股權的股票價格則低於在股市的價格。
- 保證書的時效是永久性的,而優先購股權則有六十天的限制。

3、附帶的選擇(Equity Options)
　　這是針對某一樣東西由買賣雙方預先都同意在某一時間以某一價錢賣,買方也同意用這個價錢買,投資人對股票的 Option 也可以與賣方協商出一個願買和願賣的時間和價錢。

　　從 1973 年開始就有第二市場專門拍賣 Option,而優先認購股權的 Option 也可以在這個拍賣市場中賣出。

　　一般來說,大投資人或共同基金分散投資經理買 Option 也是一種保守性的投資。對於膽小的人或偶而買賣股票的人,是不適合買 Option 的。

Option 有 2 個特性:
Call Option

　　給股票持有人以預定的價格買 100 股的權利,又叫做 Exercise 或 Strike Price。

Put Option

　　剛好相反,這是給股票持有人以預定的股價賣 100 股的權利。

　　不論 Call 還是 Put 只有 90 天期限,90 天一過就無效了,90 天是一般性的限制。

　　※ 投資人買賣 Option,買方付$3.0 元,就是$300 元的意思,因為 Option 是以 100 股為一單位,100 股×$3.0=$300 元。

　　常你買進 Option 的時候,那時候股票$15 元一股,買進後股票漲到$17 元一股,$15

元買進$17元賣出，這是 In the Money。買進 Option 時，股票下跌，賣（Put）和買（Call）雙方都賺不到錢，這是 Out-of-The-Money。買進 Option 時，股票不漲不跌，這是 At-The-Money。

四、受限制的股票或債券（Restricted Securities）

這是公司股東股票，但是並不向大眾公開發售，通常這種股東股票只賣給小而有良好組織的團體，有經驗的投資者，他們可以與公司議價，經常比市場價格低 15%~40%。

此外投資的人可能是有財力的個人，或是保險公司、銀行、退休養老金、財團等，買這種 Restricted Securities 的個人或團體要立下字據保證是投資，最少要保有二年，過了二年以後才可以賣。

Restricted 股票不必向 SEC 註冊登記，因此又叫做 Unregistered Stock。

五、用房地產做後盾抵押的債券

（Mortgage-Backed Securities 簡稱 MBS）

有些投資公司及證券代理商把 MBS 做成一套投資計劃出售，由投資人大家把錢放進去投資房地產貸款，投資人可以買 Certificate，表示他每個月可以拿到房屋貸款人所付的本和利。

個人發行的 MBS 叫做 Passthrough，那是因為房地產貸款人直接向他貸款，所以每個月直接把本和利付給他。

Ginnie Mae（GNMA）

Ginnie Mae 所發出的證券代表大家共有聯邦房產署（Federal Housing Authority 簡稱 FHA）和退役軍人管理委員會（Veterans Admininstration 簡稱 VA）內的利息。這種證券由美國政府做擔保，出錢買這種證券的人，每個月都可以收到利息及本金，利息要付當年聯邦及州的收入稅。

Fannie Mae（FNMA）

Fannie Mae 所買的房屋抵押貸款要由 FHA, VA 和耕者住房管理委員金(Farmers Home Administration）批准。Fannie Mae 發行短期折扣及沒有抵押保證的 Debentre 債券，像是個人的 Passthrough。這種債券雖然不是美國政府擔保的，但仍被認為安全，投資人所賺的錢不免稅。

Freddie Mac（FHLMC）

這是房屋貸款在第二市場上買賣，為了保障此一市場的安全，由 FHA 做為保險單位，

Freddie Mac 發行短期折扣的 Notes 和 Bonds，其 Passthrough 由經銷商做保證，不是聯邦政府做擔保。

政府的債券（Bonds）

就像公司一樣，美國政府也可以賣公債（Bonds）來向大家借錢。

聯邦政府發行的公債叫做 Government Paper，地方政府如州、郡、市、學區等政府所發行的公債叫做 Municipal Bond。

聯邦政府發行四種可以買賣的公債：

一、國庫債券（U.S. Treasury Bills 簡稱 T-Bill）

聯邦政府發行的國庫債券都是短期債券，通常 91 天到期，最多不會超過一年。目前的票面額最少是一萬元，票面上沒有明定付百分之幾的利息，因為國庫債券每星期在拍賣市場以折扣公開拍賣，到期聯邦政府用現金照票面值買回去，不到期，這種債券也可以在貨幣市場上賣出去。

※ 國庫債券都是以不記名的方式賣出去。

二、國庫券（U.S. Treasury Notes）

到期年限從 1 到 10 年，利率和價錢都有競爭性，票面額最少$1000 元，沒有到期之前不會被買回去。

三、聯邦政府公債（U.S. Treasury Bonds）

長期性，到期是 5 到 40 年，由於高度的安全性，所以付的利息比公司發行的債券要低。

四、代理商債券（Agency Bonds）

政府經銷處和政府支持的公司所賣出的債券也被視為政府的票據，因為這些賣債券的機構是美國郵政局，聯邦 Land 銀行，TVA.及類似的經銷處。雖然沒有美國政府擔保，投資人相信政府不會坐視這些機構不履行契約。

Agency 債券被認為絕對安全的投資是因為 Agency Bond 是由 Fannie Mae 及 Freddie Mac 所發出的。

聯邦政府的債券不能在市場上買賣（Nonmarketable Issues）

這種債券有二種，一種是 EE Bond，一種是 HH Bond，這二種債券都登記持有人的名字，不准在市場上買賣，也不能轉讓給別人。

EE Bond 的票面額低到$50 元，投資人以票面額 50%的價格買進，到期由聯邦政府照票面定的價格買回去。

HH Bond 的票面額最少是$500 元，聯邦政府就賣$500 元，到期聯邦政府用$500 元買回。到期時間是 10 年，聯邦政府每六個月發一次利息。

※ 目前每個人投資買 EE Bond 每人最多只能買$15,000（票面值$30,000 元）。買 HH Bond 一年最多只能買$20,000 元。

地方政府債券（State and Municipal Bonds）

Municipal Bond 又叫做「免稅債券」，因其所賺的利息免付聯邦所得稅。這種債券吸引高收入並付高稅率的人。

從 Municipal Bond 上所賺的利息要付州的所得稅（Income Tax）。

※ 買賣 Municipal Bond 所賺的錢被視為資本利得（Capital Gain），要付資本利得稅（Capital Gain Tax）。

由於 Municipal Bond 所賺的利息不付聯邦所得稅，如果你的付稅率在 28%，你買 Municipal Bond 得 8%的利息不付聯邦所得稅，要是買公司的 Bond，就得 11%的利息，因為要付 28%的所得稅。

地方政府的債券有三種：

1、一般債（General Obligation Bond）

州政府用收來的稅支持此公債

2、財源債（Revenue Bonds）

州或市政府要籌款建收費公路、橋樑及飛機場等，把收來的過路費、過橋費及機場的使用費，以這些費用給債券持有人利息。

貨幣市場（Money Market）

除了股票及債券市場之外還有貨幣市場，貨幣市場有三個特性：

- 高度變現（Highly Liquid）
- 風險最低（Carry Minimum Risk）
- 期限最短———一年以內（Short-term）

當大公司需要短期資金就透過股市，通常三個月之內還錢，最多不會超過一年。

在貨幣市場上要十萬元才能協議高利息，因此小額投資人把錢放進共同基金（Mutual Fund）內集小成大，透過股市把錢借給大公司就可以得到高利息。

國庫債券（Treasury Bills）

由於風險小、時間短而成為貨幣市場的支柱。

※ 在貨幣市場上國庫券（Treasury Notes）和聯邦公債（Treasury Bond）愈接近到期的時候，它在貨幣市場上的價值就愈高。

同意買回（Repurchase Agreements）

當證券行或銀行要短期用錢，他們就把國庫債券或聯邦公債抵押給投資人借錢，並立下何時保證買回去並付多少利息的合約。利息要高過原來公債所付的利息。

有 3 種貨幣市場你應該熟悉：
1、可以協商的定期存款（Negotiable Certificates of Deposit 簡稱 CD）

銀行發行定期存款，存款的時間愈長，利息也就高一點。可以協商的定期存款在市場上有二項要注意：
- 不到期把錢提出來會有罰款。
- 在第二市場上可以把 CD 賣給別家銀行或願意買的人。

銀行賣出可以協議高一點利息的 CD 最少以 10 萬元為一單位，正常是 100 萬一個單位，定一個特別的利率（如付 9%，10%或 11%的利息），也可以定下一個確定日期，（如半年、一年、三年等）還錢給投資人。

2、商業票據（Commercial Paper）

公司要籌借短期資金就簽發一份「我欠你錢」的借據，這份借據就是商業票據。公司向你借錢出的借據（Note）是以折扣價賣出，通常五或十天還錢，最多不超過 270 天，到期以實欠還你本金。

商業票據是由財務公司幫要用錢的公司發行，所以又叫做財務票據（Finance Paper）。這個財務票據由銀行代籌款用錢的公司賣出（銀行本身不直接發行這種借錢的借據）就叫做銀行票據（Bank Paper）。

也許是其他的公司，也許是銀行來買這商業票據把錢借給那家要用錢的公司，你自己可以直接向銀行買銀行票據，也可以透過證券分銷商（Dealer）來買。

3、銀行接受的票據（Banker's Acceptances）

進出口貿易公司所收到外國買賣公司委託銀行所開出的信用狀（Letter of Credit），這信用狀即為本國銀行所接受並兌現的票據。

第二章　證券及債券市場

交易市場（The Exchange Market）

證券及債券交易市場是一個拍賣市場（Auction），證債交易商（Broker）要以最低的價錢買進，賣方要以最高的價錢賣出，買賣雙方是以供求（Suppy and Demand）為基礎，一個願買，一個願賣。

在拍賣時，證債交易商互相出價競買，最後以出價最高的買到。

證債券交易市場本身不買賣證債券，只是提供場地和設備供買賣證券的會員使用，非登記有案的會員不可以進入。

美國最大的證債券交易市場是紐約股票交易市場（New York Stock Exchange 簡稱 NYSE），第二大是美國股票交易市場（American Stock Exchange 簡稱 AMEX）。NYSE 有 1,366 會員，只有 NYSE 席位的人才能在 NYSE 裡買賣證債券。

在交易市場內交易的證債券是有所限制的，在證債券能在交易市場內交易之前，證債券一定要符合幾項標準，符合這項標準後，才能在交易市場內交易，因為這是被交易市場批准並列名（Listed）的證債券。

公司股票及債券在列名交易市場之前，必須向證券市場當局先提供公司有關潛在客戶、賺錢能力及公司股票在全國市場之潛力，同時必須對投資人提供公司的財務報告，其中包括公司每天賣價以增投資人之信心。

並不是所有的大公司都選擇交易市場將其股票及債券列名其中做交易，很多銀行及保險公司的股票就不列名在 NYSE 交易市場做交易。

但有些公司的股票及債券不只列名一家交易市場，往往列名二、三家，這叫做 Dual Listing。

※ 你在交易市場買股票最低限度要買 100 股，100 股為一個單位，這叫做 Round Lot。低於 100 股叫做 Odd Lot，必須經由 Odd Lot 經紀人交易。

每一種在 NYSE 列名交易的股票都得指定在 NYSE 內登記有案的 18 家交易所（Trading Post）中的一家為其股票做交易。這 18 家股票交易所，每一家股票交易所最少要有一位 Broker 或 Dealer，他對交易所內所列名的每一種股票都是專家，這樣的 Broker 或 Dealer 就叫做 Specialists。他們隨時就其交易所內列名的股票做買進或賣出的交易。他們也可以做另外一位 Broker 的 Broker 幫那一位 Broker 買或賣股票，或買賣他們自己帳戶內的股票，這些專家（Specialists）協助股市使股市有彈性及有秩序。

只要在交易市場內列名的股票，不論是在 NYSE 交易市場內原始交易或是在 OTC 第二市場交易，這一個交易都會立刻打進電傳帶（Ticker Tape）讓大家知道，電傳帶是這麼說的：

```
  X
  45
        KO
        6S43 1/2
                    XRX
                    3000S 50 1/2
```

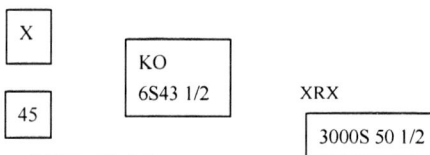

X 是公司的名字

45 如果這裡沒有數字，表示賣了 100 股即 1 Round Lot，這裡的 45 表示一股$45元。

KO 是可口可樂。

6S 43 1/2 如果低於 1,000 股，這裡就有數字顯示出來，6S 是 600 股，每一股$43.5 元。

XRX 是 xerox 公司

3000S 50 1/4 如果賣了 1,000 股以上，此字帶則打出全部股數，3000S 是三千股，每股$50.25。

股票及債券協議市場（The Over-The-Counter Market 簡稱 OTC）

大約有 6 千種有價證券列名於交易拍賣場，其餘 5 萬種沒有列名在交易拍賣的公司及政府有價證券怎麼辦？

這 5 萬家公司及政府的有價證券可以在 OTC 市場交易。凡是不在 NYSE, AMES 交易拍賣場列名的（Listed）。有價證券都可以在 OTC 市場上買或賣，全國有 6 千家證券商（Dealers）做 OTC。

OTC 市場是有價證券的買方或賣方以電話或傳真通知 Dealer，由 Dealer 為買賣雙方協調，達到一方願買和一方願賣的價錢。OTC 是協議市場（Negotiate Market）

OTC 做下列各種有價證券

- 幾乎所有新上市的有價證券。
- 美國政府的債券。
- 銀行及保險公司的股票
- 大部分工業、交通及公共設施的股票
- 共同基金的股票
- 外國債券

不論是 NYSE，AMES 列名的有價證券或是在 OTC 交易市場的有價證券幾乎都是經由 Broker/Dealer 完成的交易。Broker/Dealer 可以是個人，也可以是合夥，也可以是公司。只要 Broker 為另外一個人買進或賣出有價證券收取佣金，他的立場是經紀（Agent），當 Broker 買賣他自己帳戶內的有價證券時，他是 Dealer，他以$10 買進以$12 賣出，賺差價。

OTC 的 Dealers 願意在任何時間以其報價買進或賣出 100 股來維持股票市場的運作。

這些 Dealers 是 OTC 市場的心臟，為大家省時省力。

第三和第四市場（The Third & Fourth Market）

列名在 NYSE, AMES 交易拍賣場的有價證券，也可以在 OTC 市場上買賣，但是要大數量。

舉例：

IBM 的股票在 NYSE 列名，因此不在 OTC 市場上買賣。如果你一次買 5000 股就可以在 OTC 市場上買。這就是第三市場。

投資人喜歡在 OTC 市場買進大數量列名在 NYSE, AMES 公司的股票有三個原因：

- 股票在第三市場上交易，其交易記錄不會打到電傳帶上。
- Broker/ Dealer 在第三市場上賣出去的價錢可能比拍賣市場好，也可以收投資人較低的佣金。

大投資團體如退休養老基金，共同基金，保險公司等，他們跳過 Broker/ Dealer 直接跟公司交易或互相交易就是第四市場。

※ Dealer 願意用低一點的價錢買進有價證券如股票或債券，這是 Bid 價。

Dealer 要以高一點的價錢把有價證券賣出去，這是 Asked 或 Offering 價。

投資銀行（The Investment Banker）

一家公司為籌措長期資金而發行股票就要找投資銀行，由投資銀行來為公司處理有關新股票上市的事。

投資銀行有二項主要的任務，那就是這家公司的顧問（Advisor）和承受者（Underwriter）：

顧問：建議公司發行哪一種股票（Stock）或是那一種債券（Bond）上市。

承受者：要負責為這家新上市的股票或債券做市場銷售。

一旦投資銀行經過分析，發現這家公司新上市的股票具有市場潛力，投資銀行典型的做法是：

1. 把股票登記說明書及銷售說明書（Prospectus）送進證券管理委員會（SEC）存檔。同時有 20 天的冷卻期，冷卻期過後才能做廣告出售股票。
2. 此股票或債券要合乎各州管理有價證券「藍天法 Blue Sky Law」的規定。
3. 股票數量太大，不是一家投資銀行能擔的下來的，就得找另外一家投資銀行共同參與，組成一個銷售團體共同努力推銷這家公司新上市的股票。
4. 二家投資銀行組成銷售團體就要開"Due Diligence"會議，雙方承受者（Underwriter）要負責清查這家公司所提出的一切資料如政府註冊執照，過去財

務報表，公司股東會議記錄，產品、專利及其客戶等等，要確定這家公司一切是合法的，沒有違反 1933 年所定的反詐欺法，然後提出註冊報告及銷售說明書。

5. 同意承銷，通常在冷卻到期的前幾天做此承銷同意，同時設立公開賣價。

6. 要在 SEC 登記後，由 SEC 給予一個生效日期後才能根據有效的銷售說明接受出價（Offer）。

※ 所有有關股票的情況都得真實無欺的寫在報告內送進 SEC 登記存檔備查。SEC 既沒有批准，也不會推介，因此，任何股票經紀告訴你這股票經過 SEC 批准或推介的話就是違法！

肯定全買（Firm Commitment）

投資銀行以特定的價格將此新發行的股票全部買進，然後再以較高的價錢賣給大眾。

盡力而為（Best Efforts）

投資銀行不願意承受風險，但同意盡力為該公司銷售其股票，要是賣不完，剩下的股票投資銀行也不會買下來。

All-or-None

發行股票的公司與投資銀行定約，除非股票全部賣出，公司才把股票發出，沒賣完之前，公司不發出股票。

與股票有關鍵性的日期

很多公司在發行的股票上寫上發紅利的日期，這個發紅利的日期影響股票的交割。

公司宣佈那年那月那日發紅利，這個日期叫做宣佈日期（Declaration Date），在那一天紅利真正發給股東叫做付紅利日期（Payable Date），設定那一天為登記日期（Record Date），股東在設定登記的那一天登記就會拿到紅利。

※ Record Date 的前四天把股票賣出去，買你股票的人就可以得到公司發的紅利，少於四天，公司發的紅利仍然歸你。Ex-Dividend 日期決定買股票的人和賣股票的人誰拿紅利。

交易日期（Trade Date）

這是買賣雙方同意交易的那一天，Trade Date 通常是口頭上的交易，因此第二天必須確定此一交易日期並由經紀記錄。

送達日期（Settlement Date）

這一天是賣方或 Broker 把股票送達到買方手中，買方就要付錢。Settlement Date 必須得在 Trade Date 之後五個工作天完成。

※ 如果買方付現金，賣方必須於交易之當天（Trade Date）把股票送到買方手中。

完整送達（Good Delivery）

這有嚴格的規定，賣出股票的人必須得一切資料齊全讓 Broker/Dealer 很容易的將股票完全無誤地交予買方。

賣空（Short）和貸款（Margin）

這二種特殊的股票交易方式會在交易拍賣市場（Exchange Market）和 OTC 中出現。

賣 Short 是賣空；你賣出去的股票你自己沒有，因此，你要去借足夠的股票送到買方手中。你希望股價下跌，股價下跌，你再用下跌的價錢把股票買進還給他，你賺取中間的差價。

Margin 是 Broker 或 Dealer 給投資人的信用貸款去買股票，貸款的百分比由聯邦儲備銀行規定。如果股票$10一股，你買100股共$1,000，但你只有$600，Broker 或 Dealer 借給你$400，你付$600現金，股票在 Broker 或 Dealer 手中做抵押。

Margin 是鼓勵投資人以手中有限的錢可以買更多的股票。

第三章 投資的風險 (Investment Risks)

投資於股票和債券會有 4 種風險，這四種風險是直接的。

1、生意與信用風險 (Business Risk or Credit Risk)

對於發行股票的公司來說，其財務與生意風險來自於不確定的因素，但公司發行的債券 (Bond) 那時候發不出利息就會被認為是信用風險，投資人不會買這家公司的債券。

愈是有信用風險的公司，其所發行的債券給予投資者的利息也愈大才能吸引投資人買。

在商業界財務風險非常普遍，沒有一家公司可以保證成功，甚至最成功的公司在艱困的時候，其紅利和紅利的給付不是減少就是不給。

2、市場風險 (Market Risk)

市場風險與股價息息相關，市場股價因為某一個原因而變動，這種變動可能導致投資人本金的損失。

大家都知道股票市場上的股票價格上上下下，按 Dow Jones 和 S&P 500 的分析報告，從 1926 年到 1995 年股票市場平均每年上升 9%，但是以每一個月或每一年來看，則有股市爆跌的災難。

對股市來說，任何一種股票的市場風險都會大過平均數。股市也沒有準的，有的股票在股市大跌的時候它反而漲，也有的股票在股市大漲的時候它反而跌。

股票市場的風險與公司生意風險有直接的關連，如果公司的財務情況改變，變好則股票價上漲，變壞則股票跌價，這是一般性的通則，但也有例外情況：

股票依供求法則，依當時股票的行情一個願買，一個願賣。但有些公司的股票其股價不顧事實來得衝天的高，可是公司並沒有賺到利潤，來改善公司的管理及產品。相反的，公司營運情況良好，將來也看好，但其股票市場價卻下跌。

※ 事實上股市風險是對要賣他持有的股票的投資人而言，長期持有股票不賣的人其股市風險較低。

3、利率風險 (Interest Rate Risk)

利率風險也是由於某一個因素引起利率變動而導致損失。

利息是誰借錢用誰就要付利息，影響用錢付利息的因素很多，聯邦儲備銀行可以直接規範利率。此外，錢是一種期貨，反應在供和求的法則上，短期利率經常在變換，其範圍也比長期利率來的廣泛。

※ 主要的利率是各大主要銀行貸款給各大主要工業公司後所收取的利息高或低為

準,這種利率叫做 Prime Rate。

對投資人來說最主要的利率風險是占優勢的利率而使各種債券(Bond)在市場上的價格改變。如果主要利率(Prime Rate)上升,則債券的價格就會下跌,如果主要利率下降則債券的高利息就會使債券更有價值,舉例:

利率從 4%升到 6%,持有債券的人其債券票面額就會下降到$660 元,到期後才能拿回$1,000。如果利率從 4%下降到 2%,則債券的票面額就升值,如果持有到期,公司或政府用$1,000 買回去。

※ 債券一經發出,其利息的百分之幾明定在債券的票面額上,這百分之幾的利率是不能改的。

利率風險也會直接反應在股票市場上,當利息高時,投資人就從股票市場上把錢抽出投入利息,股票市場因而下跌。利率低時,投資人又把錢回到股票市場,股市因而上揚。

4、購買力風險(Purchasing Power Risk)

因為通貨膨脹而失去購買力的風險會直接使本金與收入受到損失,在長期固定收入的投資中,如長期債券(Bond)最容易失去購買力。

過去四十年中,從債券收回的固定利息已經不能保護投資人對抗高度通貨膨脹,現在用以對抗通貨膨脹的是「浮動年金 Variable Annuity」及「浮動人壽保險 Variable Universal Life」。

投資的間接風險也有四種:

一、經濟、社會及政治風險(Economic, Social and Political Risk)

原因複雜,經濟、社會、政治互相影響,如果經濟衰退或是蕭條就會影響市場,也會影響投資人,如果美國總統因為心臟病而不能執事,則會造成股市風險。

二、匯兌風險(Exchange Rate Risk)

某種因素導致外國貨幣變動它的價值,因而對抗美元。而外幣的匯兌率每天波動。舉例:

如果日圓貶值,日圓要更多錢才能買美元,而日本債券對美國投資人來說也會貶值。在世界經濟增長中,外幣的匯兌率波動可以對美國的投資者構成強大的打擊。

三、管理能力風險(Management Risk)

管理能力也會影響投資,公司管理的好與壞直接影響到公司的財務及市場風險。共同基金分散投資管理的好與壞會直接反應在共同基金和保險公司分開帳戶內的錢是賺還是賠。

四、稅率風險(Taxibility)

因為稅法的改變對某些投資有影響，如改變其折舊稅規就會立刻影響工業的利潤（Profit）有所改變，其股價也會反應在股市中。資本利得稅（Capital Gain Tax）稅率改變的高或低對投資人有很大的影響，也會反應在股市上。

※ 投資人在股票市場上要回報就要承受高風險，又要安全，又要很快變現，而又能保證有收入，這種投資回報率一定低。

你的本錢增值來自於股票及債券市場價格的升值。股票賣五元或十元一股，並不是說 10 元一股的風險大過 5 元，或是回報率高過 5 元一股，二者之間根本無關。要看市場價格才行。

股票在$5.0 錢以下的視為低品質的投機股，賣$1.0 以下的"Penny Stock"幾乎都是投機股。

債券（Bond）受利息高或低的影響大過其它的原因。但是債券的價值上上下下的幅度比股票低的多，範圍也狹。

股票與債券收入的算法：

股東股票收益（Common Stock Yields）

收益（Yield）＝年收入紅利÷現在的股價

如果年收入的紅利是$5.0，現在的股價是$50 一股，那就$5÷$50=0.10，這 0.10 就是 10%，所以回報率是 10%。

債券的收益（Bond Yields）

一、表面收益（Nominal Yield）

這是利率明定在債券的票面上（如付 8%或 10%的利息），如債券的票面值$1,000 明定付 9%的利息，每年付$90 利息，直到到期被公司或政府照票面值買回去。

二、現在收益（Current Yield）

事實上債券要用現在收益來算，即收入被現在的價格除，舉例：

票面額$1,000 的債券，你用$750 買進，票面明定付 9%利息，一年你拿 90%利息，$90÷$750=0.12 就是 12%，所以回報率是 12%。

三、到期收益（Yield to Maturity）

某公司發行的債券，票面額是$1,000，你用$800 買進，票面明定年利 10%，每年你收到利息$100，$100÷$800=0.125=12.5%的回報率。

十年到期，這家公司還你$1,000，你賺了$200，$200÷10 年＝每年$20，這$20＋年利$100＝年收入$120，本利合算在一起，十年的回報率是 13.3%。

免稅債券和付稅債券以收入付稅率來做比較

你們夫妻聯合報稅的年收入	你們的付稅率	你們從免稅債券上收入	等於你們要從付稅的債券上收入
$25,000	15%	8%	9.4%
$46,000	28%		11.1%
$90,000	33%		11.9%

州政府、郡政府及市政府發行的債券叫做 Municipal Bond，買這種債券所賺的利息不付聯邦稅，收入的算法：

債券年收入利息÷100-付稅率

如果 Municipal Bond 每年付你 4.5%的利息，而你的付稅率是 28%。

4.5%÷100-28%=4.5%÷72%=0.0625=6.25%回報率

防禦性和積極性的投資（Defensive & Aggressive Investment）

投資政策集中於最低風險的叫做防禦性（Defensive），投資政策集中於高回收而願意冒更大風險以達高回報目標的叫做積極性（Aggressive）。

各種債券（Bond）被視為防禦性投資，各種股票被視為積極性投資。在債券中超過十五年到期的比短期的債券更有積極性。在股票中買增值股（Growth）而期望快速升值的是積極性。買藍籌股（Blue-Chip）或公共設施（Public Utility）股票被視為防禦性。

※ 投資人把錢投資在各種不同公司和行業以減低風險並求取一個平均回報率，這種情況叫做 Diversification。

投資人把錢投資在一或二個有成功希望的股票上，以期得到高回報，這種情況叫做 Concentration。

一般來說，投資人自己投資於 15 種不同的公司和工業股票，已經是分散投資的最大限度了。事實上太多的投資人負擔不起這種分散投資。但是共同基金（Mutural Fund）卻可以讓投資人把錢投資於 100 家不同的公司和各種行業和股票。

定時定錢的方法（Dollar Cost Averaging）

Dollar Cost Averaging 是設定一個日期，如每一月的五號，就往帳戶裡投入固定的錢，如$500，根本不管股市漲或股市跌，股市漲，投進去的$500 少買幾股，股市跌，投進去的$500 多買幾股，很多證券商（Broker）有這種計劃，他們准許投資人在固定的日期投入固定的錢。共同基金也在自願累積合約中（VUL 或 VA）提供這種定時定錢投入的辦法。

第四章 投資公司（Investment Companies）

1940年投資公司法規（Investment Company Act, 1940 簡稱 40 Act）

這是聯邦有價證債券的法規，用來規範所有的投資公司，這法規的設立是因為1929年股市大崩盤以後，由國會議員所通過的法案用來規範投資公司。

這個法規是規定所有的投資公司都要註冊登記並予以規範，此一法規於1954和1970年二次增訂修正，修正後的法規延伸到保護所有的投資大眾，投資大眾以此法規來對抗投資公司對他們做出不公平交易。此一法規又延伸到對投資公司內的經理，投資顧問，承受者和銷售代表予以規範。

根據40法規，投資公司必須把報告書送入SEC存檔，此報告書（Statement）內必須開誠佈公的說明這家投資公司的政策，執行人員的背景以及主要負責人的背景等都得依據1933年所定的法規（簡稱33 Act）在報告書內說清楚。但SEC並不監管投資公司的業務。

管理公司（Management Companies）

這是在公司組織章程之下來管理分散投資，這種公司分為 Open-End 和 Close-End 二種。

Open-End 投資公司

不斷的把公司的股票賣給大眾，也隨時把公司的股票買回來，公司在外面股票的股數永遠不定。

這是很普通的投資公司，公司的財產，這種投資公司擁有90%以上。Open-end 投資公司另外一個名字就是共同基金（Mutual Fund），因此 Open-end 投資公司只指 Mutual Fund 這種公司。

Closed-end 投資公司

只對投資大眾發行一次固定股數的股票，賣完了就賣完了，公司把股票賣出去不再買回來。要再買得等下一次新發行。

※ Open-End 投資公司的特性就是持續不停的發行新股票，同時在接到投資人要求公司把他的股票買回去的時候，法規規定公司必須買回去，7天之內就要把錢給投資人。投資人把股票賣回給公司，每一股的價值是按全部分散投資的淨值（Net Asset Value 簡稱 NAV）計算的。

證券分銷商（Dealer）不可以把 Open-End 投資公司的股票做為自己的存貨。Open-End 賣整數股，即100股為單位，也賣零散股，如賣出8股，15股或23股等。

Close-End 投資公司的股票通常都是經由交易拍賣市場或 OTC 市場買賣，投資人可以

向另外的股東或 Dealer 的存貨中買這家 Closed-End 投資公司的股票。股東也可以像商業公司的股票一樣把他自己持有的股票賣出去。

Closed-End 投資公司只做整股交易，不做零散股，你買 Closed-End 投資公司的股票是按市場價格，此一市場價格是按供求規則而不同。股票的價格可能高於股票的淨值，也可能是股票的淨值，也可能低於股票的淨值。

Closed-End 投資公司在賣出公司的股票時收取佣金，佣金按交易額多或少收取的。

Open-End 投資公司之共同基金概念

Open-End 投資公司就是共同基金（Mutual Fund），法規規定只准賣股東股票（Common Stock），不准賣優先股票（Preferred Stock），也不准賣債券（Bond）。因此 Open-End 投資公司是以股東的錢去投資於各種公司的股票與債券。而共同基金提供投資人大家把錢放在一起，然後由專家去投資在股票和債券上，達到一個投資賺錢的目標。

共同基金由投資公司溪集資金，並將資金分散投資在各種公司的股票及債券上，所有這些股票與債券就是公司的 Portfolio，而 Protfolio 裡的各種股票與債券就是投資公司的資財（Assets）。

共同基金的投資者只擁有該基金內不分的利息（Undivided Interest），投資者擁有每一種股票與債券中的一部分而已。

共同基金的股票（The Mutual Fund Share）

投資公司所組成的共同基金也可以賣自己公司的股票。只要投資人願意買，公司就賣，賣公司股票的錢也在 Portfolio 裡，這也是公司的資財。

投資人買的股數只佔 Portfolio 中的一部分，如公司賣了十萬股，你買了十股，你佔這 Portfolio 裡的十萬分之十。

你在共同基金中買的股票是以「元」（Dollar）為基準，而不是以股票數為準。如你出$150，股票$7.4 一股，你的$150 在共同基金中可以買 20.270 股。

在選舉董事的時候，共同基金中以整股計算投票權。如 55.556 股，你有 55 票投票權。

大家把錢放進共同基金，然後分散投資於很多公司（上百家）的股票與債券上，防止全盤賠錢。在這麼多家公司裡，有些股票跌，有些股票漲，有些股票不跌不漲，有些股票大漲，平均起來賺多賠少，這種情況叫做 Diversification。

40 法規第 5（b）款規定投資公司最低限度要把公司 75%的資財用來投資，同時：

• 不准許投資公司把公司的總錢數中 5%以上的錢投資於一家公司，舉例：

ABC 共同基金 Portfolio 內的錢有一千萬，一千萬的 5%就是五十萬，投資 IBM 最多只能投資五十萬，不能超過五十萬元。

• 不可以擁有任何一家公司 10%以上的投票權。

共同基金的專業管理

分散投資需要專家管理，專家要具備以下的條件：
- 要全時做這個工作
- 要有訊息來源，根據此訊息來源去研究和分析經濟的走勢
- 要具備專業知識為這個共同基金選擇合適的債券
- 要有熟練的技能去管理這個 Portfolio 並掌握股票及債券買進和賣出交易的適當時機

※ 雖然共同基金內的 Portfolio 是由專家管理及做分散投資，但並不保證一定賺錢，因此，法規禁止銷售共同基金的人對投資人說因為有專家管理保證賺錢的話。

40 年法規 12 節條款規定：

禁止登記有案的投資公司借錢給投資人買股票，也就是禁止做 Margin，同時也禁止投資公司賣空（Short Sale），投資公司做這二項就犯到 SEC 的規定。

投資公司向外借錢，只准借公司淨資財的 3 分之 1，如投資公司的淨資財是 100 萬，只能借 33 萬。也就是公司要有 300%的錢來罩住借來的 3 分之 1 的錢。

Open-End 投資公司主導全盤經營共同基金的人是由董事會全體董事每年投票選出來的，全體董事必須是股東投票選出來的，全部董事會的董事可以每年選一次，董事們投票選出的經理人，其任期最少一年最多 5 年。

董事會有權任命行政人員（Officer）來處理公司的日常業務。行政人員向董事會負責，很多共同基金的行政人員其本身就是董事。

雖然董事會把公司每天營業的事務委派給行政人員去做，但董事會對生意的經營仍然要負全責。如果行政人員疏忽職責或刻意做假而使股東利益受損，股東就可以告董事會。

40 法規 17 節（a）條規定：

投資公司主事的承受者（Underwriter）及做股票和債券交易的有關人員，法規禁止他們把他們的財產、股票或債券賣給自己所屬登記有案的投資公司，也禁止他們向自己所屬的投資公司買財產、股票或債券，更禁止這些與公司有利害關係的人把股票或債券賣給公司扮演交易商（Dealer）的角色收取佣金。

這些與投資公司有利害關係的人，只能拿公司的薪水或是賣自己公司發行的股票給顧客，因而收取顧客付的佣金。

在登記註冊有案的投資公司內任職的董事、投資顧問、行政人員和僱用職員之間的親屬利害關係人不可以超過 60%，舉例：

公司有 10 位任職人員，你是其中之一，其他 9 位人員中有你太太、兒子、女兒、女婿、媳婦和哥哥這就不行了。10 個人中與你有利害關係的人只能有 5 個，連你 6 個。

同時禁止董事會內的成員過半數的董事與公司天天有來往的證券交易商（Broker），投資銀行的主事者發生密切關係。

重要須知

共同基金的本身不能買賣股票和債券，必須要聘請一家投資公司為該共同基金的投資顧問並為該基金操作股票和債券的買賣。因此 40 年法規 15 節（a）條規定：

共同基金委託投資公司操作之事，雙方必須得白紙黑字的立下合約（Contract），此一合約必須由公司大多數股東投票通過才行。合約超過二年要繼續下去，則每一年都必須由大多數董事、股東以及那些獨立的投資公司投票通過才行。但有些共同基金只要大多數董事和股東通過就行了。

這個合約不可以轉讓，只要轉讓，合約就自動失效！

為共同基金操作的投資公司要收取基金管理費，這管理費的百分之多少要明寫在銷售書內（Prospectus），法規規定這份銷售說明書要在賣共同基金的 Broker 或 Dealer 把共同基金賣給你之前或銷售的同時就得給你。

這管理費通常是照共同基金內每天結算的 0.5% 到 1% 抽取顧問管理費。如果共同基金內的淨資財值愈大，那麼管理費所抽的百分比可能會降下來。

法規規定投資公司為共同基金操作所收取的管理費最多只能抽 1%，超過 1%，投資公司就得減低其開銷，並把超收部份退回給基金。

一家共同基金，它不是直接把基金發行的股票賣給大眾，而是根據與投資公司所定的管理合約，由投資公司來賣這家共同基金所發行的股票，賣這家共同基金股票的事由這家公司的承辦人（Underwriter）來做，承辦人才是這家共同基金股票真正的賣方。

合約授與承辦人全權買這家共同基金新發行的股票，承辦人可以直接把股票賣給大眾，承辦人扮演批發商（Wholesaler）的角色。承辦人自己不可以買基金的股票做為他自己的存貨，承辦人只有接到買方要買這家共同基金的股票時，才去買這家共同基金的股票。

投資公司也可以發行股票，只有投資公司主要承辦人（Principal Underwriter）才能根據合約買這家投資公司所發行的股票，並把股票分賣出去，此時，主要承辦人所扮演的角色是這家投資公司的經紀人（Agent），他有權把這家投資公司的股票賣給任何 Dealer 或大眾。

但是證券分銷商（Dealer）不可以從這家投資公司的主要承辦人那裡買這家投資公司的股票，然後自己扮演經紀（Agent）人的角色，把這家投資公司的股票賣給其他的 Dealer 和大眾。

共同基金所發行的股票是這麼賣的：

共同基金（Fund）→承辦人（Underwriter）→證券分銷商（Delear）→證券分銷商的銷售人員（Dealer's Rep.）→投資人。

投資人員每一股的股價是以賣方的賣價（Public Offering Price）買進，這賣價是共同基金每一股的淨值（NAV）加上銷售價（Sales Charge），這銷售價包含 Dealer 的佣金在內，Dealer 拿到他應得的佣金後，把錢交給承辦人，承辦人拿到他應得的佣金後將淨值交給共同基金，舉例：

每股淨值$9.0，賣出價$9.32，Dealer 拿$.30 把$9.02 給承辦人，承辦人拿$.02 後把$9.0 給共同基金。

40 年法規 15 節（b）條規定主要承辦人（Principal Underwriter）要與投資公司白紙黑字的立下合約，雙方所立之新合約期限是二年，二年到期後，每年必須經過半數以上的股東及董事會成員，共同投票來決定主要承辦人的去和留。

此一合約不可以轉讓，一經轉讓合約自動失效。

共同基金除了要與投資公司簽約做為共同基金的顧問，管理、操作和承辦銷售基金股票之外，還要與一家獨立的銀行簽約做為基金的監護銀行，共同基金在這家獨立銀行內所開的帳戶是獨立的與銀行的錢是分開的（Seperate），即使銀行倒閉了，任何銀行的債權人（Creditor）不能碰這共同基金獨立帳戶內的錢，這個獨立帳戶是由專門人員來管理的，專門人員做：

- 保護基金內的資財安全。
- 投資公司顧問為基金買進股票或債券，由監護銀行付款（股票或債券登記的名字是這個共同基金），賣出去的債券由監護銀行收款。
- 監護銀行負責收取和支付紅利，利息和基金內利潤的分配。
- 服務如註記員一樣，為基金內的股票做登記。

監護銀行要為此一共同基金做「移轉經紀 Transfer Agent」的工作，根據合約，此「移轉經紀」是與銀行其他職員分開服務的，移轉經紀要做：

- 將新發行的股票登記上買主的姓名，地址及股數後，把購股確認書（Confirmation）交予買主。
- 註銷共同基金買回來的股東股票。
- 把紅利和資本利得（Capital Gain）分給股東持有人。
- 定期把投資報告給投資人。
- 管理投資人請別人代他投票的事情及一般性投資人從這一項基金（如 Growth Fund）轉到另一項基金（如 Global Fund）的事。

共同基金股東的權利

共同基金只能賣股東股票，所以買共同基金股票的人都是股東。共同基金選的投資公司，股東有權投票贊成或是反對。對於共同基金投資政策的改變，如從 Closed-End 投資

公司轉成 Open-End 投資公司，股東有權投票贊成或反對。

在股東大會裡，股東對任何事都有投票權。共同基金必須通知股東開股東會議的日期與時間，同時提供一切與投票有關的資料。

自己不能出席投票可以寫授權書委託別人代替自己投票，這種情況叫做 Proxy。

40 法規 13 節規定：

登記有案的投資公司要改變投資政策不但要半數以上股東投票同意，還得寫報告送進 SEC 存檔備查，並將此改變明寫在銷售說明書內。共同基金要向銀行貸款，買賣房地產，買賣期貨，發行股票等都得經過半數以上的股東投票同意才行。

40 法規 30 節規定：

投資公司必須根據此法規定，每年最少要給共同基金股二次財務報告，此財務報告也要送進 SEC 備查。財務報告是 Financial Report，此一財務報告必須由獨立而公開的會計師來做。

40 法規 35 和 37 節規定：

任何銷售人員，在銷售共同基金的股票時，絕對不可以對顧客說這家投資公司所發行的股票已經被美國政府保證、支持、推介或批准的話，說了就是犯法！更不可以說自己的能力或資格是被美國政府批准的，說了就犯法！

投資人在共同基金上的賺與賠

投資人投資共同基金其獲利的方式有 3：

- 基金內淨資財所收到的紅利。
- 本錢投資所賺的資本利得。
- 本錢投資自己共同基金發行的股票，這股票價格上漲。

共同基金是從基金內投資在各種公司的股票及債券的 Portfolio 賺錢。

基金除去一切開銷及付稅後的錢才是投資淨賺，投資淨賺的錢以紅利的方式分給股東，紅利可以一個月發一次，3 個月發一次或一年發一次。

共同基金淨賺的錢法規規定得 90%發給股東，股東收到紅利要自己報稅。

除了紅利之外，股東還可以拿到資本利得（Capital Gain），這個資本利得是投資經理從基金的 Portfolio 中把股票或債券賣出去後所賺或是所賠的錢。如果這些賣出去的股票或債券在基金內保有一年以上就被視為長期投資。

1987 年以後，長期投資所賺的錢被視為一般收入，照一般收入（Ordinary Income）付稅。

共同基金把資本利得發給股東一年最多只准一次，不可以超過一次。

※ 投資人應該把共同基金發給他的紅利和資本利得再投到基金內去滾，愈滾愈大，這是使小錢變大錢的方法。

共同基金並不是保證只賺不賠，也有賠的時候，以10年平均起來賺多賠少。共同基金是長期投資。

雖然這個共同基金過去的記錄優良，並不代表未來記錄同樣優良，但是過去記錄優良，而且10年來平均回報率相當高，這樣的記錄是值得投資人在投資的時候做為參考的。

登記有案的銷售代表必須對投資人提出共同基金也有虧錢的時候，因此，投資人的本錢也會賠。銷售代表不可以對投資人做下列各種暗示：

- 投資人投資共同基金其本錢一定增加。
- 投資人最初的本錢不會虧損。
- 保證投資人的投資有回報。

共同基金的方便性

投資人選擇共同基金除了時間、選股票、買進或賣出股票或債券的事由專業經理來做之外，投資人的股票與債券存在監護銀行，非常安全。他們每年都會收到一份清單報告（Statement），說明他們帳戶內有多少錢，對投資人來說省了很多麻煩。

有關記錄的保持及付稅的資料也使投資人方便，因為所有有關報稅的資料都由共同基金的管理部門一一寫好並提供給投資人：

- 買了多少股，賣了多少股，那一天買，那一天賣，多少錢。
- 長期和短期的資本利得。
- 付的紅利做為可以付稅或不能免稅的證明。

投資人拿到這些資料要自己報稅。

※ 不論小錢大錢，任何數的錢都可以投資於共同基金買股票，不論多少股，只要你用錢，你隨時把股票賣回給基金。法規規定，共同基金接到你要基金把你的股票買回去的指令後，7天之內就要把錢給你。

投資人常發現沒有辦法就其手中的錢找到那麼合適他想要的有價證券投資。因為有價證券投資的範圍太廣，有些股東股票的股價太高，要$200 一股，債券（Bond）要$1,000一張，可以協商高點利息的貨幣市場最少要10萬元才行，這些都不是小錢能投資的，共同基金就不同了，隨便多少錢都能參加（有的共同基金要求最低的錢數如$50起）。

小投資人的財力有限，一定得透過共同基金才能達到分散投資的目的。

※ 共同基金允許投資人在共同基金內轉換其投資項目而不收手續費，如你可以把錢從成長基金（Growth Fund），調到風險大的積極成長基金（Aggressive Growth Fund），也可以調到全球基金（Global Fund）等。

注意：國稅局把這種轉換投資視為買賣，所得利潤要付資本利得（Capital Gain）稅。

你短期急用錢，而不想把共同基金的股票賣掉，你可以用共同基金的股票作為抵押擔保向銀行借錢，很有用。

拿錢計劃：

投資人在共同基金內滾出很多錢，用錢的時候要從共同基金內拿錢，共同基金通常用二種方式把錢給你：

(1) 紅利+賣掉的股票達到你要的錢，如紅利是$50，你一季要$250，那就把你的股票賣$200+紅利$50 共$250 給你。

(2) 第二種方法是把一季賺的$50 紅利再滾進去投資，把股票賣$250 給你。

共同基金還有四種付錢的方式：

一、固定拿幾元（Fixed Dollar）

如果你每個月選拿$100，基金每個月就固定賣$100 股票給你，股票升就少賣幾股，股票跌就多賣幾股，紅利超過$100 就不賣。

二、固定賣幾股（Fixed Shares）

如果你選每個月固定賣 20 股，基金每個月就賣 20 股，然後把賣 20 股的錢給你。

三、固定百分比（Fixed Percentage）

你持有的股數中，每個月固定賣百分之幾的股數，如固定賣 0.5%或 1%，基金每個月就賣你當月持股數的 0.5%或 1%，然後把錢給你。

四、固定時間（Fixed Time）

如果你選擇 10 年拿完錢，第一年基金把你持有的股票賣掉 10 分之 1 把錢給你，第 2 年把你持有的股票賣掉 9 分之 1，直到第 10 年全部賣光為止。

這四種拿錢的方法很有彈性，你要用那一種方法拿錢，你可以隨時改變符合你的需要，至於固定拿錢的多和少要依你的要求而定，你可隨時要求改變拿錢的方式。

為了防止共同基金內的本金用完，有些基金限制你只能提取 6%的本金。

如果有一年股票市場下跌，對提取本金的人可能要減少到 6%以下，如果有一年股市上漲，對提取本金的人可能要高過 6%的限制。

有的基金沒有任何限制，基金允許你把錢拿光為止。

從共同基金中拿錢，不論是基金中增值出來的錢，還是紅利或資本利得都要付稅，每到年底由基金給投資人 1099 表，表上顯示出分給投資人紅利及資本利得的總數，投資人自己報稅。

如果你一方面要累積賺錢，同時又要拿錢，大多數的共同基金不允許這麼做，如果你

要這麼做，基金就會要你在設立拿錢之前先解除投資計劃。這是保護你，防止你帳戶內的錢全部用光，同時也省下賣股票的手續費。

共同基金對貨幣市場所做的特別服務

因為在共同基金裡，貨幣市場（Money Market）是一個特殊情況的交易，所以基金有特別的服務。

- 每天用複利計算利息，每個月發紅利給客戶。
- 准許投資人用電報或電話通知基金把他基金內的股票賣出或再買回來或是在基金內由這個 Fund 調到那個 Fund，調來調去迅速處理。
- 准許投資人開一張支票直接把錢存入到他的基金帳戶內，當支票被監護銀行兌現並付出後，他才能把股票買回來。
- 准許投資人從他的銀行或 Broker 那裡把錢電匯到這個共同基金帳戶裡。

第五章　投資公司內各種投資及其風險

(Investment Company Portfolios and Risk)

你要投資共同基金，你應該瞭解那一種共同基金是你想要的投資，因此你對共同基金內各種不同的「基金 Fund」要有所認識。

貨幣市場（Money Market）

求取最高的收入，同時本錢要能很快的兌現，又要安全，最主要的風險是利率降低而已，只適合短期投資，最有利的時機是利率高升而股市下跌。

貨幣市場賺的錢要付稅，對高收入高付稅的人來說可以投資在免稅的貨幣市場。

優點：適合有大錢，投資時間短，本金高度安全而又兌現快的投資人。

缺點：希望自己本錢能增值就得長期投資。貨幣市場不能使你的本錢增值。

積極增值基金（Aggressive Growth Fund）

投資的目的要本錢大幅增值，因此具有高度財務及市場風險。本錢的安全度只有一點點，可能有一點紅利，也可能沒有紅利。股價上上下下波動之大是股市之「最」。

優點：財務狀況好，也許要付很高的稅，他們不需要增加收入，個性積極，損失本錢也承受得起，這樣的投資人適合投資這種積極增值基金。

缺點：對需要本錢安全又能很快兌現或是要有投資收入來補貼生活費的人來說是不合適的。

增值基金（Growth Fund）

通常這是投資在產品有競爭力，公司管理的好，又有獲利能力的公司的股東股票上，求取本錢增值，但風險卻低。主要是保護投資人的錢不會因為通貨膨脹而失去購買力，主要的風險是生意和市場風險。

優點：年青而又有穩定收入，每個月投入三、五百元做為長期投資。對付高稅率的人來說，增值基金也是一種好的投資。

缺點：投資人要求有投資收入，很快兌現或是要求錢最大的安全都不適合。

增值收入基金（Growth-Income Fund）

這是折衷投資，通常是低風險，這基金內的股票大部分是高品質及付紅利穩定的股票，這種股票的生意及市場風險也比較小。

優點：個性保守，尤其是喜歡投資於藍籌股（Blue Chip Stocks）的人，他們投資增值收入基金是二邊下注以防自己賭輸。

缺點：對積極並要求快速回收或是要求本錢得最大安全性的投資人來說都不合適。

收入基金（Income Fund）

本質上是債券（Bond）和優先股票（Preferred Stocks）的綜合投資。既有現在的收入，也能保本錢安全，財務及利率的風險也低，對通貨膨脹的保護非常有限。

優點：適合把本錢求取最大收入的老人。

缺點：不適合年青而又有穩定收入，高付稅率或是要求本錢增值的人。

平衡基金（Balanced Fund）

盡量減低市場和利率變動的風險，同時盡可能的給予投資人合理的收入，看情況，這種投資類似投資於保守的股東股票，債券和優先股票的分散投資，在市場有所變動時，由投資經理決定投資在股票或是債券上。

優點：對願意暢開選擇權或退休的人要有收入來生活，同時風險要低，又要有機會使本錢增值的投資人來說是合適的。

缺點：對於既要最高收入也要最高增值的投資人來說，這種投資不合適。

公司或付稅債券（Corporate 或 Taxable Bond）

目的是有最高的收入，同時本錢也要相當的安全，這種投資是投資在被評定為中等或高等級的債券，這種債券（Bond）有多種不同的到期日，利率風險低，生意及市場風險小。這種公司或付稅的 Bond，其最大的風險就是收入失去購買力。

優點：投資人要求有細水長流而穩定的收入，本金又要最低限度的風險。

缺點：對年青有穩定收入，高收入或要求本錢增值的人都不合適。

政府債券基金（Government Bond Fund）

主要是投資供收入，非常安全，收入要付聯邦稅，但不付州稅。最大的風險是不能抗通貨膨脹，因而本錢失去購買力。

優點：投資人要求本錢安全，收入也比銀行儲蓄利息高，要求投資有收入，住在本州又付高稅率的人適合這種投資。

缺點：對已經有高收入的人或是要求本錢有增值潛力的人都不合適。

免稅債券基金（Tax-Exempt Bond Fund）

集中在州、郡或市政府所發行的公債（Bound）上，財務與市場風險很低，但是有利率變動及通貨膨脹的高風險。主要用在已經付高聯邦所得稅的人可以投資賺錢而不付聯邦稅。

優點：投資人因為付很高的聯邦所得稅，寧可從投資中有收入而不要本錢增值。

缺點：對低稅率而又要本錢增值的人不合適。

資財分配基金（Asset Allocation）

這種投資完全由投資經理來處理，可能投資在各種股票，債券及貨幣市場。為了減低投資風險，投資經理隨市場變動的情況而調動投資的去向。這種基金最大的風險是投資經理的能力。

優點：需要這種有彈性的投資，而又不要經理人來負責為其分散投資。

缺點：既要本錢最大限度的升值，又要最大限度的收入，或是一個人他要在適當的時候，自己來轉換投資都不合適。

特殊基金（Specialized Fund）

共同基金把錢集中投資於一種工業如化學工業、電腦工業等，或是投資於一個地區如日本基金或西班牙基金，沒有辦法預測其風險。

優點：投資人對這種特殊工業或地區的基金有興趣，或是投資人要求這麼做。

缺點：不是一般投資人能投資的。

第六章 對共同基金的認知
如何瞭解這個共同基金好不好？

要知道這個基金好不好，應該查看這個共同基金的統計資料，最基本的資料就是這個共同基金自己所做的資料銷售說明（Sales Literatlure），再來查看：

- 銷售說明書（Prospectus）
- 股東年度所收到的報告
- 基金銷售所做的銷售印刷品

上述三項都要送進證券交易管理委員會（SEC）備查，SEC 並不管基金怎麼做，但基金必須在上述三項中開誠佈公的予以詳細說明。

你也可以到圖書館查下列權威出版資料：

- Weisenberger Service's Investment Company，這份報告對每一個共同基金都做了詳細的統計報告，每年出版一次。
- Lipper Analytical Services and Donoghue's Mutual Fund Almanac 以及他們出版的 Money Fund Report 都非常有名望。

※ 凡是在 SEC 註冊登記有案的銷售代表，他們引用這些資料而誤導投資者，由他們自己負全責。

每一種共同基金都要以其投資的目標及達成此一目標一高低來做判斷，也要用同性質的投資目標來比同性質的目標：

- 基金內的本錢增值多和少
- 基金付給投資人的收入是多和少
- 股票下跌時，基金內的錢穩定度的大小

另外一種看基金的成績好壞，就是看這個基金每股紅利或收入的紀錄。因為二個基金相比，這每一股淨收入所付的紅利與投資總收入有關，而且也反應在每股的股價上。

※ 如果基金內各種股票及債券變動的很快，那表示這個基金在股市好的時候賺錢多，一旦股市下跌就可能賠錢，這種易變的（Volatile）共同基金風險相當大。

隨 SEC 出版的模範基金，共同基金可以印製平面及曲線圖來比，假定一萬元或一股在過去的同一時間內的回報率，但此一圖表必須得扣除最高的銷售手續費，然後顯示出最初的投資和此一投資所得的資本利得再投資在股票上，二者之間所產生出來的價值其結果不同，紅利收入的金額必須分開來顯示。

共同基金也要比較開銷，看今年共同基金開銷的百分比就知道這個基金今年淨資財的百分比。共同基金管理顧問通常是淨資財的 0.5%，也是開銷中最大的單一部分。你可以在銷售說明書中發現這個基金開銷的比例。

對於一位需要從投資得到收入的投資人來說，這個基金的經營開銷對他就很重要了，因為基金的經營開銷是從淨收入中支出以後才把紅利分給投資人，要是經營開銷費高，投資人分到的錢就少了。因此，投資人可以從這個基金的銷售說明書中找到這個基金經營開銷的比較來瞭解那些是直接的開銷是要由他來負擔的。

不論這個基金過去的成績多好，並不代表未來的成績也會那麼好，因此 SEC 156 條規定禁止註冊有案的銷售人員對投資人說他的本錢會增值或保本或收入可靠的話，銷售人員必須提醒投資人「共同基金是有風險的」。

- 事實上沒有一個共同基金是永遠可以領先別的基金。
- 有些成長基金（Growth Fund）也會失敗，因為成長的太大而難以維護。
- 經理每二年要換一次。

買共同基金的股票

目前來說共同基金本身所發行的股票沒有第二市場。

譬如你要買 ABC 共同基金的股票，你可以直接找 ABC 共同基金買，也可以找 ABC 共同基金的承銷者（Underwriter），買 ABC 共同基金的股票，也可以找賣 ABC 共同基金股票的經紀（Agent）去買。

共同基金收取的銷售費用（Sale Charge）各基金不同，可以收取基金股票賣價的 0% 到法規規定最高 8.5% 的界限。

如何買共同基金的股票

（1）賣方團隊（From Selling Group）

共同基金（Mutual Fund）→承銷者（Underwriter）→證券交易商（Broker Dealers）→投資人（Investor）。

（2）全權銷售（From Distributor Sales Force）

共同基金→全權委託承銷者（Underwriter）把大量股票賣給大家，這時承銷者就是這家保險公司的 Dealer。

（3）沒有銷售費（No-Load From Fund）

共同基金→直接賣給投資人，不收銷售費。經由廣告或直接郵寄而把股票賣給大眾，中間沒有證券交易商，也沒有承銷者，也沒有銷售人員，當然也就沒有服務費。

注意：No-Load 基金雖不收取銷售費，但你要基金把你的股票買回去的時候，No-Load

基金要收你 1%或 2%的買回費（Redemption Fee）。

12b-1 規則

　　證券交易管理委員會員（SEC）規定共同基金在賣自己的股票時，銷售費（Sales Charge）不可以超過 8.5%的規定，但是 No-Load 基金的銷售費由投資公司負擔，卻在 SEC 規定的 12b-1 中收取隱形的銷售費用。

　　12b-1 准許 No-Load 基金在賣基金自己的股票時，可以收取基本平均淨資財（Net Assets）1%的開銷費。此一收費計劃必須在銷售說明書內明白的寫出來。每年由大多數股東、董事會成員及董事通過後才能實行 12b-1 的收費計劃。

　　每年從 12b-1 收來的錢都用在基金的開銷上（如廣告費），因此給予基金股東的紅利就會減少。

　　12b-1 開銷的總數被認為此基金的開銷，因此必須要在銷售說明書（Prospectus）中明白寫出 12b-1 的費用。

No-Load 基金並不是真的不收費用

（4）與公司有計劃合約的基金（From Contractual Plan Companies）

　　共同基金→承銷者→有計劃的公司（Plan Company）→投資人

　　基金與投資人立一個合約來買基金自己發行的股票，辦法是投資人認買多少股，然後分期付款，直到到期付完。

　　投資人定期把錢付給「計劃公司（Plan Company）」，計劃公司再去買這個基金內的股票，然後再進入投資人的帳戶內。

淨資財和賣價（Net Assets Value 簡稱 NAV 和 Selling Prices）

　　共同基金用二種方法達到其股票的賣價：

- NAV 是 Bid Price 也就是買方願意多少錢買進
- Public Offering Price 簡稱 P.O.P.是賣方要價，願意多少錢賣。

　　共同基金以賣方要價賣出，以買方出價買回

※　從星期 1 到星期 5，共同基金每天必須最少一次確定此一基金內的淨資財（NAV）。每天結算的時間以東部下午四點鐘紐約證券交易所（NYSE）關門為準。

　　40 法規 22 節規定：投資公司股票的公開賣價都明寫在銷售書（Prospectus）內。股票價必須是淨資財（NAV）之上加銷售價賣給客戶，唯一可以例外的是准許少收一點銷售費。但是一經印在銷售說明書上，任何人都得用公開賣價（P.O.P.）買，沒有例外。

　　投資人要求基金把他的股票買回去，基金一定要買回去，7 天之內就要把錢給他，這

是法規規定的,舉例:

你今天告訴銷售代表要基金買回你的股票,你的銷售代表沒有辦法當場告訴你多少錢一股,要在接到你的要求之後的下一個計算日才知道 NAV 多少錢一股,這叫做 Forward Pricing。

跟所有的生意一樣,共同基金對買大數量的投資人在銷售費上會降低,舉例:

銷售說明書內說明,你買$10,000 以上$25,000 以下,銷售費就從 8.5%降到 7.5%,買$25,000 以上$50,000 以下,銷售費就降到 6%……,以此類推買的錢數愈大,銷售費就愈低,這種情況叫做 Break Point。

公平交易法規(Rule of Fair Practice)禁止 Dealer 為得到高佣金而不告訴你有"Break point"的方法可以減低銷售費。

很多共同基金准許投資人使用意向函(Letter of Intent 簡稱 LOI)來減低銷售費。意向函是投資人簽一份文件,他在未來購買基金的股票達到 Break Point 的時候,基金就減低銷售費,投資人可以在任何 13 個月內簽此意向函(LOI),簽了意向函之後,所有以後進入基金的錢就像一次付清進基金內的錢一樣可以減低銷售費,舉例:

你付了$5,000 買共同基金的股票,也簽了意向函(LOI),在未來的 13 個月內再付$5,000,你就達到$10,000 的 Break Point,達到一萬元,銷售費就下降到 7.5%。

※ 你簽了意向函,共同基金對你第一次放進來買基金股票的$5,000 只收 7.5%的銷售費,但有一部分股票存在 Escrow 中,萬一 13 個月你沒有辦法再存入另外的 5 千元,基金就把存在 Escrow 內的股票賣掉補足銷售費。

投資人為了減低銷售費,可以把意向函的日期倒後 90 天。

簽了意向函必須是新錢,在基金內產生出來的錢達到 Break Point 不算。

有些基金提供「累積權利」,投資人的帳戶內累積出來的錢,基金准許這筆錢做為減低銷售費的底,要再有新錢進來就減低銷售費,舉例:

買$25,000,銷售費就降到 5%,投資人在基金內已累積了$20,000,他再買$5,000,這 5 千元就只收 5%的銷售費。

40 法規 22 節(d)條規定:

此一共同基金股票持有人要求此一基金把他的股票買回去之後,30 天之內要再買這家共同基金的股票就不加銷售費,但是要一次付款,這筆錢不能超過投資人賣回股票給基金所得的錢。

有些人組成一個團體,大家把錢放進去來買共同基金的股票以減低銷售費。根據 40 法規 22d-1 條款的規定,這個團體就是一個人(Person),要用團體的名字去買,不可以用參加這個團體單獨的人名去買。

只有下列購買者可以減低銷售費:

- 個人投資者。
- 個人，配偶及 21 歲以下未成年者。
- 公司與機構成立 6 個月以上，不是為了沾銷售費便宜才成立的。
- 信託人（Trustee）為信託帳戶購買退休金及利潤分享計劃（Profit-Sharing Plans）。
- 為某種員工團體的利益及這個團體所得的利潤可以免稅。

定時定錢投入法（Dollar Cost Averaging 簡稱 DCA）

DCA 是一種投資的方法，用固定的錢（如每個月$300），在固定的日期（如每個月的 5 號）投入股市，不管股市漲還是跌，長期下來所買的股票，其股價比當時的股價要低一點點，DCA 是半自動的投資計劃，此一計劃既不評估市場價格，也不預測股市行情的上下。

DCA 是一種防禦性的投資方法，目的是減低風險所帶來的損失，任何投資人都可以使用這種 DCA 的投資法。DCA 通常都用在共同基金的「自願累積計劃」或是「定時投錢計劃」，這些計劃允許投資人平均成本（Average Cost）而不是平均錢（Average Dollars）。

銷售共同基金的人員只能使用 "Dollar Cost Averaging" 或是 "Cost Averaging" 的術語。

※ 用 Dollar Cost Averaging 的辦法並不保證賺錢，如果碰上股票價格下跌，而你又在此時急需用錢，把股票賣出去就有賠錢的可能。

你有$10,000 元投資共同基金，你應錢採用 Dollar Cost Averaging 的方式，這種方式是把$10,000 元先進入 Money Market，然後每個月投入共同基金$1,000 元，股市高少買幾股，股市跌多買幾股。

你有$20,000 元，$40,000 元或$50,000 元等投資共同基金也用這個方式。

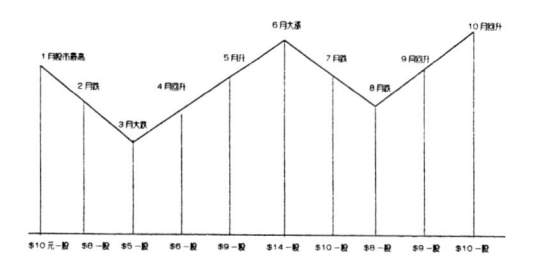

第 1 個月股市最高點$10 元一股，$1,000 進入共同基金買 100 股，第 2 個月股市下跌$8 元一股，$1,000 元買 125 股，第 3 個月股市大跌$5 元一股，$1,000 買 200 股（股市跌是賺錢的機會）…10 個月一共買了 1,210.3 股，第 10 個月是$10 元一股，所以：

1,210.3 股×$10 元一股＝$12,103

10 個月賺 21.3%

每個人的財務狀況不同，要求也不同，請看下列幾個實例。

懂不懂「投資避稅」與財富息息相關

你看懂「投資避稅」和不懂投資避稅，對你的錢有多大的差別！

童先生今年 60 歲，童太太 55 歲，夫妻二人開公司，做批發生意，生意穩定，他們的財務狀況是：

公司每年除去一切開銷後可以賺 2 萬元，夫妻每年的收入是 8 萬元，現在住的房子是 26 年前用 4 萬元買的，現在市價值 30 萬，已經付清，銀行有 30 萬定期存款，夫妻每年有 4 千元 IRA。

不懂「投資和避稅」來算：

夫妻年收入 8 萬，減夫妻二人撫養額 6 千元，減 IRA 4 千元，減房地稅 2 千元，還有 6 萬 8 千元，要付 35% 的稅，即付 $32,800 的稅。

到童先生 70 歲，童太太 65 歲退休時，他們開在銀行的 IRA 平均得 5.5% 的利息，10 年連本帶利是 $60,200，房子增值 45 萬，不賣沒有錢。銀行 32 萬，平均利息 6%，付稅 35%，10 年定存帳戶內有 $442,841。

懂「投資避稅」來算：

1997 年 1 月 1 日起，國稅局准許夫妻生意、小公司的老闆開簡易個人退休帳戶（Simple IRA），每人每年最高可以存入 6 千元抵稅，夫妻二人就可以抵 $12,000 的稅。

用房子向銀行借 20 萬 Equity Loan，付 8% 的利息，每年付銀行 $17,616，可以抵稅，這借出來的 20 萬存入 S&P 500 指數基金結合的年金（Equity Index Annuity），10 年平均投資回報率 10%，這賺出來的錢可以延後付稅（Tax Defer）。

銀行的 30 萬定存也轉到指數年金。

公司賺的 2 萬元付 15% 的稅即 3 千元還剩 $17,000，這 $17,000 由公司借給童太太買一個 25 萬死亡理賠的指數基金給合人壽保險的 Equity Index Universal Life（簡稱 EIUL），這種方法叫做 Split Dollar，賺出來的錢完全免稅（Tax Free）。

夫妻年收入 8 萬，減夫妻撫養額 6 千，減房子利息 $17,616 元，減 Simple IRA $12,000，減房地稅 $2,000 還有 $42,384，付 28% 的稅，即 $11,868，每個月還有 $2,500 生活費。

現在賺的錢大大不同了！

童先生 70 歲，童太太 65 歲：

Simple IRA 帳戶內有$134,822 元，房子貸款 20 萬存於指數年金，這時指數年金帳戶內有$660,077 元。抽出 20 萬本金把房子付清。

銀行 30 萬定存轉到指數年金，這時帳戶內有$990,116 元。

童太太保單內有$249,860 元，每年提取$17,000 元完全沒有稅。

從這個例子你就可以瞭解懂「投資避稅」和不懂「投資避稅」對你的錢有多大的差別！

家庭理財要看稅率高低定計劃

靠本事賺錢也要有「知識」避稅

賺錢養家的人是靠自己的「本事」賺錢，安排賺錢不付稅就需要「知識」。如果你能靠自己的本事賺錢，又能以自己的知識安排賺錢賺錢不付稅，豈不是更好？！

張博士今年38歲，在一所小型大學教數學，已婚，有3個小孩，房子欠12萬元，付8%的利息。以其$45,000的年收入來養這個家是有點吃力。

他的母親最近去世，給他留下5萬元遺產，他想用這5萬元做為退休養老的本錢，又想增加現在的收入，卻又承受不了股票市場的風險。於是親戚好友給他建議，教他這樣這樣或那樣那樣。

問：「我朋友告訴我，我應該投資在 Municiple Bound 上。」

州、郡或市政府發行的公債叫做 Municiple Bond，買這種公債賺的利息不付聯邦稅，也許可以不付州稅，本金不能增值。這種免稅的公債是給高收入高稅率寧要收入不要增值或退休老人收取最大的收入用的。以張博士的收入是低稅率，低稅率的人不適合投資 Municiple Bond。

問：「我親戚告訴我，我應該投資在股東股票（Common Stock）上。」

股東股票也許會付很高的紅利，同時也有很高的財務及市場風險。萬一公司週轉不靈或股價大跌，張博士可能嚴重虧錢，甚至血本無歸。再來股東股票最好5到10年長期性的投資，對張博士現在需要財務上的收入沒有一點幫助。

張博士現在應該做的是：

把錢放在貨幣市場（Money Market），貨幣市場的特性是時間短，要用錢可以很快兌現，相當安全。然後投一個15萬最低的 EIUL 人壽保險，每年貨幣市場帳戶中轉5千元到保單中，建立一個投資，拿錢不付稅的儲蓄帳戶。萬一不幸早逝，家人不但有15萬的人壽險理賠，存入保單內的錢也要連本帶利給家人，家人的生活不會遭到遽變。有急用也可以從保單中借錢。

存入保單內的錢，投資在 S&P 500 指數基金保證只賺不賠。

以張博士現在的情況來說，他最需要的是在他緊急用錢時可以很快提取，同時本金也要增值，家庭也要有適度的保障。

同樣的收入安排合宜收獲豐富

你願意結結實實付稅或是靈活賺錢又省稅？

受高等教育的目的就是要找薪酬優厚的工作，使自己的生活不虞匱乏，如果不會安排錢，恐怕生活會有問題，因為安排錢同樣得具備專業知識——知其然，知其所以然。

張先生 1997 年 25 歲，洛杉磯名校電腦系畢業，一畢業環球影城付年薪 4 萬元，三個月後聖他巴巴拉市一家大公司付他年薪$57,000，他問我他的房子要如何處理？

他的房子在洛杉磯西木區高級大廈內二房一廳，是他父母四年前以 34 萬付清為他買的，現在值 45 萬。每個月可以收租$2,500，一年 3 萬元，他在稅上的情況是：年薪$57,000 加房租收入 3 萬是$87,000，只有個人撫養額$2,500 及房地稅$3,500 共 6 千元可以抵稅。$81,000 結結實實付 40% 的稅是$32,400。

建議：

現在住的房子向銀行貸 20 萬，7.5% 的利率，30 年付清，每個月付$1,400，一年$16,800，在公司的退休養老 401K 計劃中存入 1 萬元，加上個人撫養額及每年房地稅有$33,400 可以抵稅，$87,000 減$33,000 等於$54,000，付 33% 的稅是$17,800 的稅。實拿$36,000 除 12 個月每個月$3,000，很好過了。

把房子貸款的 20 萬存入「指數年金」去投資 S&P 500，平均回報 8% 計算，每 9 年一倍，到 55 歲時有 213 萬，這時候不論什麼原因不能從事電腦工作，沒有收入，這 213 萬也可以提早退休了。

25 歲，每個月 3 千元花剩下的錢存$400 到「EIUL 人壽保險」中，買 20 萬壽險去投資 S&P 500，到 55 歲時保單中有好幾十萬元，30 年存入本金$144,000，假定賺了 30 萬元，這賺的錢完全免稅（Tax Free）。

假定張先生 35 歲結婚，37 歲做父親，55 歲小孩上大學，張先生就可以從 EIUL 中拿錢去付學費。如果不夠還可以從 401K 中借錢，56 歲從 401K 中拿錢既不要還回去也沒有罰款，付稅就是了。

如果張先生不瞭解錢這麼「走」和那麼「走」之間的區別，那就得結結實實地付稅，$81,000 付 40% 的稅，拿到手的是$48,000，每個月平均拿$4,000，55 歲就算房子漲到 200 萬，他的退休生活也不會很舒適，如果中途發生裁員，失業或什麼的，他的生活就會不快樂。

如果錢那麼「走」就大大不同了，一生都可以過好日子。

多算勝、少算不勝

理財保障生活

孫子兵法說:「多算勝,少算不勝」,這一條用於家庭及個人的財務計劃也是如此。張先生今年48歲,單身,是醫生,因病無法工作,他的財務狀況是:

一、有殘障保險,保險公司每個月付3千元的殘障理賠,沒有稅,期限是5年。

二、有二棟房子,自己住的房子是34萬買的,現在可以賣80萬,欠銀行23萬,每月付銀行貸款加房地稅加火險要3千6百元。另外一棟房子是診所帶住家,14萬買的,現值25萬,欠銀行6萬。

三、歷年存的 IRA 及 Keogh 退休養老金約16萬元,都存在固定利息帳戶中。

四、有30萬終生人壽保險,每個月保費要付$400。

張先生的理想要求是:在現在住的房子中退休養病,現實是:

張先生每個月要付的房子貸款、房地稅、各種保險費及生活開銷要5千元,以現在的資產,儲蓄和收入要退休,日後難以負擔這麼大的財務支出。

「多算勝」的建議是:

1. 把現在住的房子賣80萬,扣除經紀佣金,還銀行後實際拿到手50萬上下,存入指數年金 EIA 中投資 S&P 500,10年平均回報率10%上下,賺的錢可以延後報稅。

2. 把診所出租,每月收租金$1,500,自己住於診所樓上。這棟房子欠銀行6萬元,每個月貸款加房地稅加保險最多付$800。收租減付出還多7百元。

3. 保險公司每個月付3千元殘障理賠,拿1千元做生活費加收租多出的7百元共$1,700做生活費,剩下的2千元再存入指數年金中去滾。

4. 把歷年存的 IRA、Keogh 16萬元退休養老金也存入指數年金中去滾。

5年後,張先生53歲時,保險公司停付殘障理賠,5年前存入浮動年金內的16萬 IRA 和 Keogh 此時約可滾出25到30萬元之間,將此款全部轉去購買州、郡或市政府發行的 Municiple Bond(公債),以7%利息計算,每年可得$17,500至$21,000之間,這收入免聯邦及州稅。5年後診所的收租也要增加,生活仍過得很好。

60歲時，賣房了存入指數年金內的50萬，以平均10%的回報率計算，每7年翻一倍，此時有180萬元。加上保險公司殘障理賠每月結餘的2千元存入浮動年金，5年存入12萬，現在滾出40萬。每年只要拿5%的利息加上診所收租的結餘再加上地方政府公債利息，一直到去世都不愁沒錢。

　　由於張先生是單身未婚，建議取消人壽保險，將保費存入自己的指數年金中，因為指數年金已經有受益人了。張先生目前最重要的一件事就是找律師立一個「生前信託計劃Living Trust」，在他過世後要怎樣處置他的錢財，都在「生前信託計劃」中說明。

　　張先生會賺錢，因為醫生是一門「學問」。懂得安排錢，使錢能賺更多錢又要少付稅或不付稅也是一門「學問」。

錢轉一下可以少付很多稅多賺很多錢

張先生離過婚，張太太跟張先生結婚後，張太太的財務是獨立的—自己報自己的稅，錢和房子都在自己名下，張太太年收入 11 萬，房子 40 萬買的全部付清，銀行有 80 萬存款，年收利息$48,000 元，扣除每年$10,000 的 401（k），房地稅$6,000 元和$3,000 撫養額後，她的付稅率高達 40%，每年要付$56,000 元的收入稅—付很多冤枉錢，這樣：

用房子向銀行借 30 萬 Equity Loan 年利 10.5%，每個月付約$3,700 元的利息，一年$44,400 元，這利息可以抵稅。把這 30 萬存入「指數年金」賺的錢可以延後付稅，張太太 59 歲半以前不論什麼原因必須把房子付清，她就從「指數年金」中把錢提出來付清房子，頂多被聯邦割 10%，州割 2.5%再付稅就是了。

銀行存的 80 萬轉去買州、市和郡政府發行的共同公債（Municipal Bond Fund），賺錢也有高低或賠錢，每年平均得 6%到 8%的利息，利息所得免付聯邦所得稅，要用錢可以隨時把公債賣掉變現。

假設張太太每年拿 6%的利息$48,000 元這錢沒有聯邦稅，$18,000 元自己用掉$30,000 元中的$20,000 元存入 EIUL 人壽保險，買 50 萬人壽保險，從 46 歲到 65 歲，平均投資回報率 10%，到她 66 歲退休時每年可以從保單中提取$50,000 元，這$50,000 元不付稅，一直拿到 100 歲。中途死亡，保單內連本帶利再加 50 萬給張太太指定的受益人。再$10,000 元存入「指數年金」投資回報率也是平均 10%，到她 65 歲時，她的帳戶內有$734,000 元，這時提錢用才有稅。

張太太把錢轉一下就可以少付很多冤枉稅，多賺很多錢，要急用錢也不會被困住。

11 萬減房子貸款利息$44,400 元，減 401（k）$10,000 元，減房地稅$6,000 元，減自己撫養額$3,000 元等於$46,000 元，付 33%的稅$15,378 元，還有$31,200 元，加上 Municipal Bond Fund$18,000 元，張太太每年有$49,000 可以用。

先守後攻可以多賺錢少付稅！

張先生47歲，張太太42歲，有10、7和3歲3個兒女，他們現在的情況是：

有自己的房子，另外2棟出租，手上有50萬現金帳戶，自己做生意，沒有退休養老計劃。他們想要把2棟出租的房子賣掉，可以實得30萬，加上手上的50萬，共80萬做頭款去買一棟130萬的房子，然後把子女送到好學區上學。

建議先「守」後「攻」，先做一個可以兼顧家庭保障、子女教育、夫妻退休、高利避稅、彈性活用的計劃：

1. 把2棟出租的房子賣掉，實得30萬元存入「指數年金」去投資S&P 500，做為夫妻退休養老金，不去管他了，以10年平均10%的利息計算，每7年翻一倍，47歲30萬，54歲60萬，61歲120萬，60歲退休有240萬元。
2. 50萬元現金帳戶存到指數基金裡，每年轉出$48,000元到「指數基金儲蓄人壽保險EIUL」，12年轉完，投100萬人壽險，平均10%利息，8年後兒子上大學，每年從保單中借錢出來不付稅，付學費。11年後，每年從保單借錢出來付二兒子大學學費。15年後，每年從保單中借錢出來付小女兒大學學費。三個兒女都受最好的高等教育，張先生保單中還有很多錢做為夫妻退休養老用。

    萬一中途不幸過世，家人可以拿到他保單內的本和利，外加100萬人壽理賠，家人拿到這筆錢不付收入稅，家人的生活也不會遭到遽變。

    張先生這麼做，到他退休時，這50萬已合法的「化明為暗」轉到免稅的「指數基金投資儲蓄人壽保險」的S&P500裡，達到「多賺錢不付稅」的目的。
3. 把三個子女送到最好的私立學校就讀。
4. 生意沒發大財，到65歲，現在住的房子也付清了，住到老的不想住時，把房子放入C.R.T.中賣掉不付稅。加上「指數年金」及人壽保單裡的錢，他們夫妻可以住最好的養老院，得到最好的照顧。
5. 張先生的生意發了大財，把現在住的房子賣掉，做一個1031表，賣房子賺的錢不付稅，轉到新買的那棟130萬的房子上。

先「守」就可以「多賺很多錢，少付很多稅，甚至不付稅」，先去買一棟130萬的房子，鐵定「少賺很多錢，多付很多稅！」

要「多賺很多錢少付稅」一定要「懂」才能制定具體有效的計劃。

1980 年聯邦健康、教育及福利部所做的統計報告說：「每 100 個人裡，從他們工作賺錢開始到 65 歲，這 100 人中有：29 人死亡，13 人年收入在$3,500 元以下。55 人年收入在$3,500~$20,000 之間。3 人年收入超過 2 萬元（財務計劃成功）。在這個世界上最富有的國家裡，竟有幾仟萬人生活於貧困之中，這些人之所以生活於貧困之中，在於他們沒有計劃或他們做的是失敗的計劃！」

　　在這個報告中的 100 個人裡，你想使自己站在那一層呢？懂得怎麼投資，小錢可以變大錢，大錢可以少付稅或不付稅，不懂而投錯了地方，小錢變不了大錢，大錢會付很多稅，少賺很多錢！

自己「算」投資大，回報少
專家「算」投資小，回報大

中國的人治與專制政體教的是誰「大」誰就有權力（Power），權力是不可以批評，不准質疑，必須沒有理由地絕對服從。因此，「小」人遇上「大」人，「下」級見到「上」級就只能乖乖聽話，否則後果嚴重，不是被「大」人打的慘叫，就是被「上」級整的心中悲憤難平。在人治與專制政體壓迫之下，中國人培養出極強的主觀意識—以自己的意思，不聽別人的，連專家的話也不聽，等發現吃了虧已經晚了！

你把自己的小公司賣給大公司，賺的錢要保值，於是自己要用 160 萬去買一棟有 16 個單位的公寓，60 萬頭款，整修費得 20 萬，共 80 萬，向銀行借 100 萬，年利 6.5%，每個月收租；$850×15（有一間經理住）一年收入$153,000，付銀行利息$78,000，付房地稅$20,000，付火險$12,000 一共付出$110,000，20 萬修理費每個月以 5%利息算，一年損失$10,000，收入是$153,000 減掉$120,000 開銷每年收入$33,000，投資 80 萬，每年回報率只有 4.1%比銀行利息還低。但是你認為：

這棟公寓有 2 畝地，週圍是工業地，20 年後到 2026 年這棟公寓可以賣 500 萬。這是你「算」的，你有沒有想到美國很多工業外移到印度、中國大陸和巴西？！而不是移進你買的公寓附近，你那棟公寓還值 500 萬嗎？

到 2026 年就算你賣了 500 萬，減房地產經紀 3%佣金 15 萬，再減 160 萬本金，你賺了 325 萬。假定 2026 年的稅法仍然是以長期投資資利得（Capital Gain Tax）20%計算，你得付 65 萬稅，實拿 260 萬。如果 2026 年美國政府窮了，算你 Ordinary Income Tax（常年所得稅）你付 49%的稅即 159 萬，你拿 166 萬。人死付遺產稅！

專家幫你算：

2006 年把 80 萬存入 EIA，這是 2004 年以後才出來的產品，保証投資只賺不賠，賺錢可以延後付稅（Tax Defer），你今年 50 歲，存 15 年剛好 65 歲，60 歲從 EIA 中拿錢就沒有聯邦 10%及州 2.5%的罰款，存滿 15 年到第 16 年從 EIA 中拿錢，保險公司就不再收任何手續費。你的 80 萬投資 S&P 500，按 20 年投資平均回報率 8%計算，你的 80 萬本錢每 9 年翻一倍，到 2026 年連本帶利變成 370 萬，這錢結結實實在你帳戶中。每年你從 EIA 中提出 20 萬生活費，這 20 萬按國稅局一張表可能 60%即 12 萬免稅，40%即 8 萬付稅，人死 A 保險公司的 Survivor Benefit Rider 幫你付遺產稅，你受益人拿全額。

你自己「算」是投資大回報小，因為你用的是常識，專家幫你算是投資小回報大，因為是專業知識。

先為自己策劃　兒孫自有兒孫福

一位優秀的財務計劃師為你著想的。你今年 57 歲，沒有房子，但是每個月付 $740 買了 $275,000 人壽保險，為的是萬一你發生不幸，你給兒子留一筆錢。你兒子已經 26 歲了，可以自己照顧自己了。你應該為你自己行將退休而做一個儲蓄計劃，如果發生下列情況，你的人壽保險可能什麼都沒了！

萬一你因健康不好，不能工作，沒有收入，不能付保費，你已經付進保單內的錢假定是 4 年，每個月 $740，一年 $8,880，4 年 $35,520，賺錢成為 $45,000，這錢是投資共同基金，也就是分散投資在幾十家或上百家股票上，股票市場是有風險的，萬一像 2000～2003 年連跌 4 年，你保單內的錢可能跌掉 40% 或 50%，因為你年紀愈大保費愈高，保單內的錢投資賺的錢不夠付保費就會吃到你的本金，這保單也許維持 5 或 6 年，也許 7 或 8 年，保單內的現金值用完了，保單就失效了。什麼都沒了！

你應該結束這個保單，拿出 $40,000 存入投資高回報，沒風險，保證只賺不賠，賺錢延後付稅的 EIA 裡，選 10 年定存，連接 S&P500，10 年投資回報平均 8%，按 Rule of 72 公式，72／8 等於你的錢每 9 年一倍，到你 67 歲時，你 EIA 帳戶內有 $86,000，每個月把付保費的 $740 的 $700 轉存入 EIA 帳戶中，到 67 歲，你 EIA 帳戶裏有 $126,000，加上 $86,000 共有 $212,000，如果投資平均回報 10%，你 EIA 帳戶內的錢就更多了。如果投資賠了，保證付你 1%，保證你的本錢不賠！

在 10 年當中，萬一需要住療養院，你可以從 EIA 中拿出 100% 的錢沒有手續費。萬一有致命的重病，可以從 EIA 中提出 100% 的錢沒有手續費。你先為你自己退休養老著想，10 年以後你退休後的收入可以供你在美國生活那是最好，如果不能，至少你有 20 多萬加上社會安全養老金回中國也能過一個舒適的退休生活，等到老死了，EIA 帳戶內剩下的錢就給你兒子了。

你 57 歲了，離 67 歲退休還有 10 年，這 10 年一錯過，到你做不動退休時才發現自己沒錢，那時才後悔就太晚了！現在先為自己策劃。

投資、避稅、保護財產

作　　者／王定和（D. D. WANG）
編　　輯／王定和（D. D. WANG）
圖文排版／張慧雯
封面設計／陳怡捷
法律顧問／毛國樑　律師
印　　製／秀威資訊科技股份有限公司
　　　　　114 台北市內湖區瑞光路 76 巷 65 號 1 樓
　　　　　電話：+886-2-2796-3638　傳真：+886-2-2796-1377
　　　　　http://www.showwe.com.tw

美加地區購書據點：投資，避稅，理財服務中心　上網 www.wangbooks.com
　　　　　　　　　（THE CHINESE FINANCIAL SERVICES CENTER）
地　　址／P. O. Box 464
　　　　　Lancaster, CA93584
電　　話／(661)948-0760 (626)353-0196（手機）
付款方式／購買此書支票抬頭請開 D. D. WANG 每本$29.50
　　　　　COPYRIGHT2014 D. D. WANG

ISBN：978-957-41-3728-7
定價：美金 29.50 元

・請尊重著作權・
本書僅授權美國、加拿大地區銷售

Copyright © 2014 by D.D. Wang.

ISBN:　　Softcover　　978-1-4990-3511-7
　　　　eBook　　　　978-1-4990-3510-0

All rights reserved. No part of this book may be reproduced or transmitted in any form or by any means, electronic or mechanical, including photocopying, recording, or by any information storage and retrieval system, without permission in writing from the copyright owner.

Any people depicted in stock imagery provided by Thinkstock are models, and such images are being used for illustrative purposes only.
Certain stock imagery © Thinkstock.

Rev. date: 06/06/2014

To order additional copies of this book, contact:
Xlibris LLC
1-888-795-4274
www.Xlibris.com
Orders@Xlibris.com
625705